WEIHNACHT

Geschichten aus aller Welt

Erzählt von
Christa Spilling-Nöker

HERDER
FREIBURG · BASEL · WIEN

Einladung

Seit unserer Kindheit liegt über dem Weihnachtsfest ein ganz besonderer Glanz, der uns auch heute noch verzaubert. Die Sterne und Kugeln, die zwischen den Kerzen am Christbaum schimmern, schaffen eine feierliche Atmosphäre, und der Duft und Geschmack von Vanillekipferln und Zimtsternen lässt einem das Fest auf der Zunge zergehen. Die alten Lieder und die Betrachtung der Weihnachtskrippe wollen uns in dem Vertrauen stärken, dass uns in der Zukunft immer wieder eine neue Hoffnung geboren wird, die unser Leben heller und heiler machen möge. Die Geschichten, die in diesem Buch wiedergegeben sind, erzählen von solchem Licht und solcher Hoffnung; von erträumten oder wirklich erlebten Wundern: So kommen arme Menschen durch ihre Güte zu unerwartetem Wohlstand, eine Witwe ergreift die Chance des Schenkens und entzweite Freunde finden in der Christnacht den Schritt zur Versöhnung. Mögen Sie sich von diesen Erzählungen in ihren Bann ziehen lassen, um nach und nach selbst in Weihnachtsträumen zu versinken.

INHALT

»Es gibt Nächte, in denen man träumt, dass einem ein Engel vom Himmel fällt – und wenn man erwacht, spürt man, wie sich das ganze Leben von einem Augenblick zum anderen verwandelt hat.«

Christa Spilling-Nöker

IN DER HEILIGEN NACHT

Die heiligen Nächte waren angebrochen und verhießen ihre wundersamen Geheimnisse, von denen der kleine Carlitos immer wieder gehört und geträumt hatte. Engel sollten in diesen Nächten aus den dunklen, mit Sternen übersäten Gewölben des Himmels herniedersteigen, himmlische Wesen, filigran, wie aus silbernen Fäden gesponnen, mit Flügeln, leicht wie Federn, durchdrungen vom Licht einer anderen Welt, um sich den kleinen Kindern zuzuwenden wie einst dem Jesuskind in Betlehem. Das ganze Jahr über hatte Carlitos diesen wundersamen Nächten entgegengefiebert, um die zarten Boten des Himmels sehen und vielleicht sogar berühren zu können und sie um die Spielsachen zu bitten, die er sich wünschte. Im vergangenen Jahr hatte er sie verschlafen; aber sie waren da gewesen und hatten einen dicken wollenen Hanswurst auf seinem Bett zurückgelassen, mit krummer Nase, gewölbtem, mit Watte gefülltem Bauch und einem roten Gesicht. Also gab es sie. In diesem Jahr würde er die Schlafgeister überwinden, das hatte er sich geschworen.

Er hatte einen prachtvollen Weihnachtsbaum bekommen, herrlich geschmückt mit Figuren, die an feinen Bändern aufgehängt waren: Blumen gab es da und goldene Vögel, Elefanten, Hirten, Ochsen und Esel, Windmühlen und Puppen und dazwischen eine Vielzahl feinsten Zuckerwerks. Zu später Stunde, als die Dunkelheit über die Erde gesunken war, wurden die Kerzen am Baum angezündet. Wenn der Wind leise durch das Fenster zog, bewegten sich die einzelnen Figuren und schimmerten in solch geheimnisvollem Glanz, dass Carlitos sich in eine paradiesische Welt versetzt sah, wie er sie nicht einmal aus seinen Träumen kannte. Das Spiel von Licht und Schatten auf den Zimmerpflanzen und der Tapete verzauberten Garten und Esszimmer gleichsam in einen wundersamen Urwald, in dessen Mitte der prachtvolle Baum stand. Schließlich wurden die Kerzen auch auf dem Esszimmertisch angezündet. Der ganze Raum schimmerte in goldenem Licht, und es war an der Zeit, die Gäste aus dem Empfangsraum zu rufen, um den herrlichen Weihnachtsbaum zu bewundern; doch niemand reagierte auf den Ruf des Jungen.

Carlitos war zutiefst erschrocken. Natürlich hatte er mitbekommen, dass alle im Haus von tiefer Sorge erfüllt waren. Seine Mutter war krank; in den letzten Wochen war sie immer dicker geworden – und seither gingen die unterschiedlichsten Besucher ein und aus; darunter auch in regelmäßigen Abständen der Arzt, der eine bedenkliche Miene aufgesetzt hatte. Sobald Carlitos an die Erwachsenen herangetreten war, um zu erzählen, was er erlebt hatte, war er aufgefordert worden, sich um seine Hausaufgaben zu kümmern. Natürlich bedrückte ihn die Krankheit seiner Mutter, aber er war noch zu klein, um die Sorgen der Erwachsenen wirklich verstehen und nachvollziehen zu können. Seine Gedanken kreisten um Spaß und um Spiel. Im Augenblick nahm ihn der Anblick des Weihnachtsbaumes vollends gefangen. Aber als er merkte, dass die Gäste seine Begeisterung nicht teilten, war er traurig und verärgert zugleich.

Ins Esszimmer zurückgekehrt, verfiel er erneut in den Rausch der Verzauberung. Das Flackern der Kerzen ließ die Umgebung in ständig neuen Mustern erscheinen; Wände und Schränke schienen sich in Riesenfiguren zu verwandeln, die den Jungen in Angst und Schrecken versetzten. Seine Freunde waren zum Spielen in andere Zimmer gegangen oder hatten sich schlafen gelegt. Eine seltsame Furcht durchfuhr ihn, als er sich in dem großen Raum ganz allein sah. Schnell lief er in das Empfangszimmer, in dem seine Tanten sowie eine ältere Nachbarin, die zum Weihnachtsfest gekommen waren, untereinander tuschelten. Ein fremder, gut gekleideter Herr redete auf seinen Vater ein, der wie abwesend in den Garten blickte. Jemand fragte Carlitos, ob er nicht müde sei. Der Junge gähnte und spürte, wie ihm einer der Schlafgeister, die er in dieser Nacht hatte abwehren wollen, mit bleischweren Fingern die Lider niederdrückte.

Draußen war es inzwischen kalt geworden. Der frische Wind strich durch die Bäume. Im fahlen Mondschein schwankten sie, als würden Gespenster mit ihnen ihr heimliches Spiel treiben. Carlitos blinzelte zum Himmel und zu dem Meer an Sternen. Die ganze Traurigkeit, die das Haus erfüllte, legte sich auf seine junge Seele; dann sah er nur noch die Baumgruppen und den Mond, der ihm müde zulächelte, und die Elefanten, Vögel und

Hirten, wie sie sich aus den Wolken lösten und zu ihm
herniederfuhren. Ihnen allen voran schwebten kleine
Engel; es waren die Weihnachtsengel, die all seine Wünsche aufnehmen und in den Himmel tragen würden.

Die Sonne schien, als Carlitos aus seinen Träumen er-
wachte. Das Licht blendete ihn und er wollte sich gerade noch einmal umdrehen und in den Kissen versinken, als er die vielen Leute wahrnahm, die sich an
seinem Bett versammelt hatten: Seine Tanten waren da,
die Nachbarin, auch einige Dienstboten – und unter
allen herrschte eine gelöste Freudigkeit. Er war noch gar
nicht ganz wach, da hielten sie ihm schon das Brüderchen hin, das in der Nacht geboren worden war.

Carlitos sprang aus dem Bett und küsste das winzige
Gesicht zwischen den Tüchern. Ach du Armer, dachte
er, bist du doch zu schwach, um mit den anderen Engeln der Heiligen Nacht wieder zum Himmel zurück-
zukehren. Und zudem hat man dir deine Flügel abgeris-
sen; wie konnte so etwas in diesem Hause passieren und
wie hatte die Mutter das nur zulassen können! Nur allzu gern hätte er sie gefragt – doch die Mutter war krank

und man durfte ihre Ruhe nicht stören. Sie träfe sicher keine Schuld. Nun konnte der Kleine den anderen Engeln nicht in den Himmel zurück folgen. Er würde bei ihnen bleiben. Was aber konnte man diesem kleinen Engel, diesem Brüderchen, das vom Himmel gekommen war, anderes schenken als alle Liebe, die man empfand. Wie viel schöner war dieses Geschenk als das vom vergangenen Jahr: der Hanswurst mit dem dicken Bauch, dem roten Gesicht und der krummen Nase.

Aus Brasilien

DIE FREMDEN

Es dämmerte bereits und in den Häusern im Dorf war man gerade damit befasst, die Kerzen an den Weihnachtsbäumen anzuzünden, als zwei arme Wanderer bei einem Gehöft anklopften und für die Nacht um ein Quartier baten. Doch die Antwort fiel schroff aus: Nein, man könne solchem Bettelpack kein Obdach gewähren, sollten sie es doch anderswo versuchen. Und schon fiel die Tür ins Schloss.

Müde schleppten sich die beiden weiter, als sie zu einer Hütte kamen, in der ein armer Häusler mit seiner Frau wohnte. Auch hier klopften sie und baten für die Nacht um ein Dach über dem Kopf. »Kommt nur herein«, sagte der Mann, »wir haben nicht viel, aber das, was da ist, wollen wir gern mit euch teilen.« Den beiden Gästen wurden die besten Stühle am Tisch angewiesen und da sie sehr durstig waren, holte die Frau einen Krug mit frischer Milch herbei. Während sich die Fremden labten, flüsterte sie ihrem Mann zu: »Es sind Fremde, wir sollten den Widder schlachten, um ihnen später ein angemessenes Weihnachtsessen vorzusetzen.« »Das ist eine gute Idee, ich gehe gleich in den Stall.« So kam zu später

Stunde ein herrlich duftender Weihnachtsbraten auf den Tisch. Sie aßen und plauderten vergnügt miteinander, sodass es für alle ein wunderbarer Heiliger Abend war. Als die Fremden müde waren, richtete die Frau ihnen die eigenen Betten her; für sich selbst breiteten sie etwas Stroh auf dem Boden aus und legten sich darauf zum Schlafen nieder.

Am kommenden Morgen gingen sie alle miteinander in den Weihnachtsgottesdienst. Danach wollten sich die Fremdlinge verabschieden, doch die beiden armen Leute baten sie inständig, noch die beiden Weihnachtstage über zu bleiben; sie hätten jetzt so viel gutes Essen, das dürfe doch nicht umkommen. So blieben die Gäste noch zwei Tage, dann aber reichten sie dem Mann und der Frau die Hand zum Abschied und dankten ihnen für ihre Gastfreundschaft. Sie standen schon in der Tür, als einer der beiden Männer fragte: »Wie viele Hörner hatte der Widder?« Die Frau sah ihn etwas verdutzt an und erwiderte: »Zwei natürlich.« »So mögen euch zwei Wünsche in Erfüllung gehen, sagt, was euer Herz begehrt!« Der Mann erwiderte, sie wünschten sich auf Erden ihr tägliches Auskommen und nach ihrem Tod ei-

»Gott ist nahe,
wo die Menschen einander
Liebe zeigen.«

Johann Heinrich Pestalozzi

nen Platz im Himmelreich. »Diese Bitten wird euch Gott gewähren«, sagten die Fremden. »Am nächsten Weihnachtsfest werden wir wieder an eure Tür klopfen.« Dann gingen sie ihres Weges.

Von da an geschah viel Wundersames bei den beiden armen Leuten. Die magere Kuh brachte drei prächtige Kälber zur Welt, die beiden Schafe bekamen acht Lämmer und die Sau warf so viele Ferkel, dass sie fast nicht zu zählen waren. Auf dem kleinen Stückchen Acker, das sie ihr Eigen nennen konnten, gedieh das Korn so prächtig wie noch nie. Von nun an konnten sie jede Woche Fleisch und Getreide auf den Markt tragen, sodass bei ihnen allmählich ein wenig Wohlstand einkehrte. Der Bauer kaufte sich heile Stiefel und die Frau gönnte sich ein buntes wollenes Tuch, um sich im Winter damit zu wärmen. Sie behoben die Schäden an ihrer Hütte, bauten sie aus und richteten sie nach und nach neu ein, sodass es in ihrem Heim zunehmend gemütlicher wurde. Bei all ihren Arbeiten freuten sie sich das ganze Jahr über auf das Weihnachtsfest, an dem die beiden Fremden ja wieder bei ihnen zu Gast sein würden, denn sie hatten schon begriffen, dass sie den Segen, der bei ihnen eingekehrt war, den beiden Besuchern zu verdanken hatten.

Im ganzen Dorf wunderte man sich über den neuen Wohlstand der Häusler. Hier und da wurde gemunkelt, ob da wohl alles mit rechten Dingen zugegangen sei. Vor allem die reichen Nachbarn, die die Fremden seinerzeit mit so brüsken Worten abgewiesen hatten, wurden immer neidischer. Eines Tages begaben sie sich auf den Markt und kauften bei der Häuslerin ein halbes Schwein, obwohl sie selbst zahlreiche Schweine im Stall hatten. Dabei verwickelte die Hofherrin die Häuslerin geschickt in ein Gespräch, um herauszubekommen, was wohl die Quelle von deren neuem Wohlstand sei. Diese erzählte ohne eine Spur von Argwohn, wie der letzte Heilige Abend verlaufen war, und dass der Segen, der über sie hereingebrochen wäre, den beiden Fremden zu verdanken sei, die sie beherbergt hätten. Da geriet die Reiche innerlich in einen unbändigen Zorn, weil sie die Männer als vermeintliche Bettler von der Tür gewiesen hatte. Sie verstieg sich sogar in die Vorstellung, dass alles, was sich die Nachbarn leisten konnten, eigentlich ihr Eigentum wäre, hätte sie die Wanderer nur hereingelassen. Als die Häuslerin auch noch ausplauderte, dass die beiden Fremden am kommenden Weihnachtsabend wieder bei ihnen einkehren wollten, schüchterte sie die Häusler dermaßen ein, bis diese ihnen versprachen, sie zu ihnen herüberzuschicken.

Das Jahr verging und der Weihnachtsabend kam. Wie verabredet, klopften die beiden Fremden bei den Häuslern. Diese waren unendlich betrübt und erzählten den beiden, dass es den Nachbarn so leidgetan hätte, sie von der Tür gewiesen zu haben, dass sie ihren Fehler bereuen würden und nun wieder gut zu machen gedächten. »Dort werdet ihr es auch besser haben als bei uns, die Räumlichkeiten, in denen ihr untergebracht werdet, sind allemal prächtiger als die unsrigen und auch die Bewirtung wird reichhaltiger ausfallen.« »Wenn ihr es denn so wünscht«, erwiderten die beiden, »kehren wir heute bei euren Nachbarn ein. Aber morgen gehen wir gemeinsam zur Kirche.«

So wandten sich die beiden um und klopften beim Hofherrn an. Der kleine Sohn hatte schon am Fenster gehangen und rief laut: »Jetzt kommen sie!« Schon war die

Frau an der Tür und begrüßte die Männer mit über-
schwänglichen Worten. Sie konnte gar nicht oft genug
wiederholen, wie leid es ihr täte, dass sie die beiden am
vergangenen Weihnachtsabend abgewiesen hätte, das
sei ein übles Missverständnis gewesen. Sie sollten nun
in die gute Stube treten; ein Gläschen Wein zur Begrü-
ßung würden sie sicher nicht ausschlagen. Der Tisch
war mit dem besten Porzellan eingedeckt. Der Suppe
folgte ein vom Hausherrn eigenhändig gegrillter Ochse.
Später wurden noch Süßspeisen, Kuchen und einge-
kochtes Obst gereicht. Bier gab es und Schnaps; auch
Wein wurde immer wieder nachgeschenkt. Die Gäste
ließen es sich schmecken. Als sie müde wurden, führte
die Hausherrin sie in ein geräumiges Schlafzimmer mit
weißen Laken und Decken und Kissen, gefüllt mit
Gänsefedern.

Am kommenden Morgen wollten die Fremden mit den
Häuslern zum Gottesdienst gehen und dann wieder ihres Weges ziehen, doch der Hofherr trat ihrem Ansinnen entschieden entgegen. So edle Gäste müsse man
doch mit der Kutsche zum Gottesdienst fahren; die
Häusler könnten gerne auch einsteigen; zudem mögen

sie doch noch über die Weihnachtstage bei ihnen verweilen. Das aber lehnten die Fremden ab.

Gerade in dem Augenblick, als der Hofherr die Pferde antreiben wollte, meinten die beiden Wanderer, dass sie sich gerne für all die ihnen widerfahrenen wunderbaren Wohltaten bedanken wollten, aber kein Geld hätten. Doch sie fragten ihre Gastgeber: »Hatte der Ochse, von dem wir gestern gespeist haben, Hörner?« »Ja, natürlich«, erwiderte der Mann.« »Wie viele?« Da die Frau der Häuslerin die ganze Geschichte mit den Fremden entlockt hatte, zupfte sie ihren Mann schnell am Ärmel und sagte: »Vier.« Da blieb dem Mann nichts anderes übrig, als die Antwort seiner Frau zu bestätigen: »Er hatte vier Hörner.« »So habt ihr vier Wünsche frei, jeder von euch beiden hat zwei.«

Dann ging es zur Kirche. Die Fremden und die Häusler stiegen aus; der Hofherr selbst wollte nicht am Gottesdienst teilnehmen, sondern so schnell wie möglich nach Hause, um sich mit seiner Frau über die vier Wünsche zu beraten. In seiner Hast peitschte er immer wieder auf die Pferde ein, um sie anzutreiben. Da strauchelte das eine Pferd; auch der Strang riss, sodass er absteigen musste, um ihn wieder zu befestigen. Kaum hatte er seine Fahrt fortgesetzt, strauchelte auch das andere Pferd. »Verdammt noch mal, euch soll der Teufel holen!«, rief er lauthals aus. Und schwupp, schon waren die beiden Pferde verschwunden. Da saß der Hofherr auf dem Kutschbock, die Zügel in der Hand und war nur froh, dass ihn niemand in dieser lächerlichen Pose zu sehen bekam. Ihm blieb in dieser misslichen Lage nichts anderes übrig, als die Zügel aus der Hand zu legen, die Kutsche stehen zu lassen und zu Fuß nach Hause zu hasten. Wir haben ja noch drei Wünsche übrig, beruhigte er sich selbst.

Seine Frau wurde ob seines langen Ausbleibens immer ungeduldiger, weil sie endlich die Wünsche mit ihm beraten wollte. Sie lief im Haus hin und her, bis es ihr entfuhr: »Diese alte Trantüte von Ehemann, wenn er doch augenblicklich da wäre!« Und schon stand er vor ihr – und der zweite Wunsch war vertan. »Du kommst ja daher wie ein Bettler«, empörte sie sich. Der Mann, außer sich vor Zorn über den Verlust seiner prächtigen Pferde, schrie sie an: »An allem Unglück bist allein du schuld.

Wie konntest du auch nur auf die dumme Idee kommen, zu behaupten, der Ochse habe vier Hörner gehabt. Mögen diese Hörner für immer in deinem Nacken sitzen.« Kaum hatte er diesen Wunsch ausgesprochen, schon saßen die Hörner im Nacken seiner Frau.

»Und da bleiben sie für immer – und von dem letzten Wunsch begehren wir so viel Gold, wie in unsere Scheune passt. Dann können wir uns auch neue Pferde kaufen.« »Du bist wohl von allen guten Geistern verlassen!«, schrie ihn seine Frau an. »Du glaubst doch nicht allen Ernstes, dass ich mit diesen Hörnern herumlaufe und mich überall dem Spott preisgebe. Auf der Stelle sollen diese elenden Dinger wieder verschwinden!« Und so geschah es. Das Einzige, was den Hofbauern all ihr Wünschen eingetragen hatte, belief sich auf den Verlust von zwei guten Pferden.

Aus Dänemark

EIN UNERWARTETER GAST

Auf dem Piccadilly herrschte drei Tage vor Weihnachten ein unglaubliches Verkehrschaos. Unter dem leichten Schneefall waren die Straßen gefährlich glatt geworden. Tubby Winsloe grübelte gerade verzweifelt darüber nach, weshalb seine Freundin Diana ihn am Vortag als einen trägen und schwerfälligen Typen bezeichnet und seinen Heiratsantrag abgelehnt hatte, als er an der Bordsteinkante einen Fremden entdeckte, dessen sonderbare Erscheinung ihn vorübergehend von seinem Liebeskummer ablenkte. Was für ein komischer Kauz, dachte er. Der Fremde trug einen Oberlippen- und Kinnbart und war äußerst altmodisch gekleidet. Die Jacke hatte einen Stehkragen mit spitzen Ecken; darunter trug er eine auffällige, violettfarbene Weste mit kleinen rosa Blümchen. Der schwarze Seidenschal wurde von einer Krawattennadel gehalten, auf der ein Brillant zu glitzern schien. Auf der Schulter lastete ein großer, brauner, offenbar schwerer Beutel. Am auffälligsten aber war die unermüdliche Energie, die der Mann ausstrahlte. In ihm schien geradezu ein Feuer zu brennen. Unablässig wippte er auf den Zehenspitzen, um endlich über die Straße zu kommen.

» Ich werde Weihnachten in meinem Herzen ehren und versuchen, es das ganze Jahr hindurch aufzuheben. «

Charles Dickens

Da wäre es beinahe passiert. Plötzlich stürmte der Fremde los und wäre fast von einem Wagen erwischt worden, wenn Tubby nicht einen Satz gemacht, ihn mit festem Griff gepackt und zurückgezogen hätte. »Das wäre beinahe ins Auge gegangen. Vor Weihnachten ist hier immer der Bär los.« Der Fremde nickte. »Weihnachten ist eine wundervolle Zeit.« – »Mit der Meinung stehen Sie hier in London aber weitgehend allein da. Es ist schon seit Langem aus der Mode gekommen, Weihnachten schön zu finden.« – »Aber warum denn?« – »Ach, die Arbeitslosigkeit, die Geschäfte laufen nicht ... Sie wissen schon.« – »Nein, ich weiß nicht, denn ich bin gerade erst angekommen.« Inzwischen hatte sich eine Möglichkeit ergeben, die Straße zu überqueren. Da tat Tubby etwas Ungewöhnliches: Er fragte den Fremden, ob er Lust habe, bei ihnen eine Tasse Tee zu trinken, sie wohnten gleich um die Ecke. »Gern«, erwiderte der seltsame Mann und schon nach wenigen Schritten standen sie vor Tubbys Elternhaus, einer riesigen alten Villa aus längst vergangenen Zeiten.

Der junge Mann rief etwas verlegen nach seiner Mutter, um ihr den Gast anzukündigen, als der Fremde auch schon in den Salon vorangegangen war. »Es hat so geschneit, und der Herr hat keinen Mantel, und ich habe ihm sozusagen das Leben gerettet«, stammelte Tubby verlegen, während er dem Besucher hinterher stolperte, denn er wusste, dass seine Mutter Fremden gegenüber sehr hochmütig sein konnte. Lady Winsloe, eine stattliche Erscheinung mit schlohweißen Haaren, quälte sich mühsam aus dem rotsamtenen Plüschsessel, als ihr der Fremde auch schon die Hand entgegenstreckte und sich als Mr. Huffam vorstellte. »Darf ich Ihnen einen Tee anbieten, Mister ...?« – »Huffam«, wiederholte der Fremde, »ja sehr gern!« – »Mit Milch und Zucker?« – »Mit beidem bitte, wenn es keine Umstände macht! Das ist sehr liebenswürdig von Ihnen, Madam, wo ich doch hier im wahrsten Sinne einfach so hereingeschneit bin.« Er betrachtete die alten Gemälde an den mit dunklen Tapeten bekleideten Wänden sowie die mit feinen Mustern gezeichneten Perserteppiche und sah dann versonnen in das prasselnde Feuer in dem marmornen Kamin. »Sie haben es sehr hübsch hier, Madam. Beneidenswert.« – »Ach, das sieht nur so aus. Die Steuern, die Preise ...!« Sie hatte ein großes, gütiges Herz, war aber überzeugt davon, dass die Welt allmählich vor die Hunde ging.

Einen Augenblick war es still im Raum. Wenngleich Lady Winsloe für gewöhnlich außerordentlich gute Manieren hatte, konnte sie nicht davon ablassen, den Fremden immer wieder zu mustern. Sie hätte selbst nicht zu sagen gewusst, was sie an ihm so faszinierte. Vielleicht war es die Ausstrahlung seiner geballten Lebenskraft, die tiefe Zufriedenheit, die von ihm ausging, oder möglicherweise auch nur seine auffällige Weste. »Was für ein Glück ich doch habe, gerade jetzt in London zu sein«, sagte Mr. Huffam, »Schnee, Stechpalmen, Misteln. Alles so, wie es sich zu Weihnachten gehört. Wundervoll!« In diesem Augenblick trat Sir Roderick Winsloe in den Salon, ein großer, hagerer Mann, der früher einmal das Amt eines Unterstaatssekretärs bekleidet hatte, während jetzt Verdauungsprobleme seinen Lebensinhalt ausmachten und er immer häufiger in tiefe Melancholie verfiel.

Tubby stellte ihn dem Gast als seinen Vater vor. »Sehr angenehm«, meinte Mr. Huffam, während Sir Roderick vor Erstaunen nichts als »Hmm« hervorbrachte und sich setzte. Der Junge wurde allmählich unruhig. Der seltsame Gast hatte seinen Tee getrunken, aber er schien offenbar nicht daran zu denken, aufzustehen und sich zu verabschieden. Stattdessen streckte er sich behaglich im Sessel aus und bat um eine weitere Tasse Tee. Es gehörte zu Lady Winsloes unzweifelhaften Fähigkeiten, einen Gast geschickt herauszukomplimentieren. Doch nichts dergleichen geschah. Mit Erstaunen nahm Tubby wahr, dass die Augen seiner Mutter blitzten und sie an dem Fremden ganz offensichtlich Gefallen fand. Mr. Huffam nippte an der zweiten Tasse Tee und begann dann, eine Geschichte aus seiner Jugend zu erzählen. Sie handelte von einem abenteuerlustigen Jungen, der als Page zu einer reichen Familie gekommen war und sich mit der Köchin angefreundet hatte.

Er beschrieb alle Personen und die einzelnen Möbelstücke im Raum, in dem sich die Ereignisse abgespielt hatten, und sogar das knallrote Halstuch, das der Diener im Bett trug, um keinen steifen Hals zu bekommen, so anschaulich, dass einem die Szene unmittelbar vor Augen stand. Lady Winsloe musste aus vollem Halse lachen und selbst Sir Winsloe konnte sich ein Schmunzeln nicht verkneifen. Es war eine derart außergewöhnlich heitere Atmosphäre entstanden, die sogar den Butler, der eben hereingetreten war, in höchstem Maße verwunderte. Mr. Huffam erhob sich, dankte für den Tee und war gerade im Begriff, sich zu verabschieden, als das Erstaunliche geschah: Lady Winsloe bat den Fremden, sofern er nichts Weiteres vorhabe, doch für ein oder zwei Tage ihr Gast zu bleiben.

Von nun an veränderte sich so einiges im Hause der Winsloes. Tubby hatte schon seit Langem gespürt, dass das Haus zu groß, die Räume zu hoch und die Möbel zu schwer waren. Alles wirkte ernst und still, ja irgendwie bedrückend. Nach dem Abendessen schob Mr. Huffam mit stiller Unaufdringlichkeit die Sessel im Wohnzimmer an die Wand und rückte das Sofa näher vor den Kamin, sodass man der Gemütlichkeit des prasselnden Feuers näher kam. Dann stellte er viele Fragen nach dem London von heute; vor allem nach den sozialen Einrichtungen und der Gegenwartsliteratur. Als Tubby an diesem Abend auf sein Zimmer ging, spürte er, dass eine seltsam erregende Spannung in der Luft lag.

Für den kommenden Tag hatte Tubby schon vor geraumer Zeit einige seiner Kommilitoninnen und Kommili-

tonen zum Mittagessen eingeladen; auch Diana war
darunter. Während die jungen Leute im Essen herum-
stocherten, aß Mr. Huffam mit großem Appetit und
erzählte von dem verkommenen Ost-Bezirk in London,
den er aus seiner Kindheit kannte und am Vormittag
aufgesucht hatte; in dem Zusammenhang deutete er an,
dass er in seiner eigenen Jugend weitaus größeres Elend
erlebt habe als die Kinder in den Londoner Slums.
Schließlich kam man auf Weihnachten zu sprechen.
»Weihnachten, grauenvoll. Da bleibe ich am besten im
Bett und warte, bis die Tage vorüber sind«, stöhnte einer
der Studenten. Mr. Huffam sah ihn erstaunt an. »Was
heißt hier grauenvoll? Hängen Sie einen Strumpf an Ihren Bettpfosten und schauen Sie am Morgen nach, ob es
eine Überraschung für Sie gibt!« Die Vorstellung, dass
der von nüchterner Weltanschauung geprägte Kommi-
litone einen Strumpf an seinen Bettpfosten hängen
könnte, führte zu allgemeinem Gelächter.

Später saß man noch im Salon beim Tee zusammen.
Auf dem Teetisch hatte Mrs. Winslow ihre Lektüre liegen lassen, eine in rotes Leder gebundene Erstausgabe
von *Leben und Abenteuer des Martin Chuzzlewit*. Ange-

regt entwickelte sich schon bald ein Gespräch über Dichtkunst. »Ach, der arme Dickens«, meinte einer, »er schreibt einfach zu langatmig. Ein Freund von mir hatte schon einmal die Idee, das Buch um die Hälfte zu kürzen.« »Interessant«, meinte Mr. Huffam, »wie würde er es machen?« – »Er würde alle gefühlvollen Teile herausnehmen, den Humor auffrischen und eigene Gedanken einfließen lassen. Dann würde man entdecken, dass Dickens doch etwas zu sagen hat.« – »Großartig«, lachte Mr. Huffam, »da würde etwas ganz Neues entstehen, das würde ich gerne lesen.« Es wurde spät, als sich die Gäste verabschiedeten. Diana fragte Tubby, wo er denn diesen tollen Typen aufgegabelt hätte. Sie war zu ihm netter denn seit Langem. »Du wirkst heute so rege und munter, wie aufgeblüht!«

Am späten Nachmittag erschien der Hausbesuch. Miss Agatha Allington, eine ältere, stets missmutige alte Dame. Sie brachte eine ganze Reihe an Koffern und eine Neuralgie mit, schimpfte über das widerwärtige Wetter und darüber, dass schon wieder Weihnachten war. Als sie Mr. Huffam im Haus vorgestellt wurde, verspürte sie sofort eine tiefe Abneigung gegen ihn. »Wo habt ihr denn diesen lümmelhaften Vagabunden aufgetrieben?«, fragte sie, »er wird euch die silbernen Löffel stehlen.« – »Das glauben wir nicht, wir mögen ihn alle sehr«, gab Mrs. Winsloe zur Antwort. Gegen Abend fuhr Mr. Huffam in die Stadt und kam mit einem von zahlreichen Bündeln an Stechpalmen und Mistelbüscheln beladenen Taxi zurück. Lady Winsloe sah ihn erschrocken an. »Du liebe Zeit, wir schmücken unser Haus schon seit Jahren nicht mehr. Mein Mann wird damit nicht einverstanden sein, er hält das für überflüssigen Unfug, der nur Schmutz verursacht.« – »Ich rede mit ihm«, sagte Mr. Huffam und kam schon nach wenigen Minuten mit Sir Roderick an, der ihm beim Dekorieren helfen wollte. Mr. Huffam schien im Innersten zu spüren, was in anderen Menschen vorging. So merkte er, dass Sir Roderick sich vor Leitern fürchtete. Als der Arme gerade versuchte, zaghaft die ersten Sprossen zu erklimmen, warf Mr. Huffam ein: »Kommen Sie herunter, ich steige selbst hinauf. Ich sehe Ihnen doch an, dass Sie Angst vor Leitern haben.« Es dauerte nicht lange, bis Mr. Huffam dem Hausherrn allerlei Wissenswertes über Nelken- und Hundezucht entlockt hatte. Tubby staunte darüber, dass Mr. Huffam bei den unterschiedlichsten Themen so klug mitreden konnte. Was für eine Lebenserfahrung er hatte. Und in allem diese unglaubliche Vitalität, diese sprühende Lebensfreude, die inzwischen auf die Familie überzugehen schien. Wo er wohl all die Jahre gesteckt haben mochte? Vielleicht hatte er gar kein Zuhause, keine Angehörigen und ist im Grunde seines Herzens sehr einsam. Mittlerweile hatte er den ungewöhnlichen Gast dermaßen ins Herz geschlossen, dass er hoffte, dieser würde der Familie als Freund des Hauses erhalten bleiben.

Mr. Huffam nahm anscheinend auch wahr, dass Agatha ihn nicht mochte. Beim Abendessen, zu dem er einen altmodischen Frack trug, saß er neben ihr und unterhielt sich mit ihr wie ein Kavalier alter Schule. Er beschrieb das London von einst; die weißen Nebel über der Themse, die »Brötchenklingel« und die alten Droschken. Alle hörten ihm gebannt zu. Später fragte Mr. Huffam, ob es ein Grammophon im Haus gäbe, man solle tanzen. Tische und Stühle wurden beiseite gerückt, und als die Rhythmen einer Polka erklangen, schlang er seinen Arm fest um Agathas Taille – und schon hüpften sie durch den Salon. »Wir sollten ein Fest feiern«, meinte er, als er später die Hausherrin herumwirbelte. »Was denn für ein Fest?«, brachte Lady Winsloe, einigermaßen atemlos, hervor. »Ein Kinderfest, am Heiligen Abend!« »Wir kennen keine Kinder, und die, die wir kennen, verbringen den Heiligen Abend bei ihren Eltern, so wie es sich gehört.« »Nicht die Kinder, die ich einladen werde«, lachte Mr. Huffam. »Das wird das schönste Fest, das London je gesehen hat.«

Im Hause der Winsloes schien alles wie verzaubert. Man konnte meinen, dass sich das Dach des alten Hauses erhoben hatte, sodass der Himmel mitsamt all seinen strahlenden Sternen unmittelbar in die Räume hinein leuchtete. Geschenke gab es zu Weihnachten nicht, die Schenkerei hatten sie schon vor Jahren abgeschafft. Mr. Huffam hatte derweil im Hause einige alte Sachen aufgestöbert: eine Engelfigur in einer Schneekugel, ein kleines silbernes Glockenspiel und winzige Holzfiguren von Hirten und Schafen, von Königen und Kamelen, die die Erinnerungen an längst vergangene und vergessene Zeiten neu belebten. Zum Mittagessen wurden der traditionelle Truthahn und Plumpudding serviert. Sir Roderick gönnte sich diese köstlichen Speisen zum ersten Mal seit vielen Jahren wieder. Am Abend fand das große Fest statt. Tubby hatte Diana einladen dürfen; alle anderen waren Mr. Huffams Gäste.

Gegen sieben Uhr läutete es zum ersten Mal: Zwei kleine Mädchen mit blonden Zöpfen standen vor der Tür und meinten schüchtern, dass der Herr ihnen diese Adresse gegeben habe. Wenig später kamen sie scharenweise: kleine und große Kinder, gut gekleidete, aber auch solche mit geflickten Hosen; brave und kecke, schüchterne und vorlaute. Das ganze, sonst so stille Haus wurde von einem fröhlichen Lachen und Lärmen erfüllt. Als alle Kinder in der Halle waren, durften auch Lady Winsloe, Mr. Roderick, Tubby und Diana kommen. Sie standen mit offenen Mündern da und staunten. In der Mitte war alles leer geräumt; dort stand ein riesiger Tannenbaum, über und über mit Kugeln, Kerzen und Lametta geschmückt und mit einer schier unendlich anmutenden Fülle an Geschenken behängt. »Die hat er alle von seinem eigenen Geld bezahlt«, raunte Mrs. Winsloe Agatha zu. Der ganze Raum schimmerte in goldenem Licht; das Feuer im Kamin prasselte und die Kinder tuschelten und kicherten vor Aufregung.

Plötzlich wurde es so still im Raum, dass man eine Stecknadel hätte zu Boden fallen hören können, denn der Weihnachtsmann war eingetreten. »Guten Abend, liebe Kinder«, sagte er mit verstellt dunkler Stimme, die unverkennbar Mr. Huffam gehörte. »Guten Abend, Weihnachtsmann«, erwiderten die Kinder im Chor. Selbst die kecken und vorlauten unter ihnen schienen in diesem Augenblick nahezu stumm geworden zu sein. Die Erwachsenen halfen, die Spielsachen vom Baum zu nehmen und an die Kleinen zu verteilen, sodass die Tanne schließlich allein im Glanz der Kerzen und schimmernden Kugeln erstrahlte.

Die Feier setzte sich mit zahlreichen Vergnügungen fort. Hier gab es Pfänderspiele, dort Lieder und kleine Wettkämpfe: der ganze Saal war erfüllt von Lachen, Freude und Heiterkeit. Irgendwann trug Sir Roderick eine Papiermütze und Lady Winsloe eine Pappnase; die Kinder trommelten, sangen und jubelten. Diana zog Tubby in eine Ecke des Raum, tätschelte ihm die Wange und meinte: »Du bist heute Abend so süß, könntest du nicht immer so sein?« Wenn jemand Mr. Huffam zu diesem Zeitpunkt suchen wollte, hätte er es schwer gehabt, ihn zu entdecken. Er saß inmitten der Kinderschar auf dem Fußboden und erzählte ihnen zum Abschluss des Abends eine Geschichte von einem kleinen Kind, das mit dem Großvater beim Zirkus mitgereist war, und von dem Clown mit dem gebrochenen Herzen. Doch eines Tages wurde das Herz wieder heil und alle lebten glücklich und zufrieden bis an ihr seliges Ende!

Die Kinder standen auf, um sich zu verabschieden; die meisten vergaßen auch nicht, sich artig für dieses ungewöhnlich schöne Fest und ihr Geschenk zu bedanken. »Das war ein wundervoller Abend«, strahlte Mr. Huffam. »Aber jetzt bin ich sehr müde und möchte zu Bett gehen.« Alle wünschten einander eine Gute Nacht. Als das Dienstmädchen jedoch am kommenden Morgen Lady Winsloe den Tee ans Bett brachte, platzte es nur so aus ihm heraus: »Er ist weg!« – »Wer ist weg?«, fragte Lady Winsloe noch etwas schläfrig. »Mr. Huffam, sein Bett ist unberührt und sein brauner Beutel ist auch verschwunden!« Die Lady erhob sich mit einer Geschwindigkeit, die man ihrem gewichtigen Körper gar nicht zugetraut hätte, und weckte Tubby und ihren Mann. Erstaunt stellten sie fest, dass die Sessel im Salon wieder alle so hingerückt waren, wie sie früher gestanden hatten. Wo auch immer sie nachsahen, es war keine Spur mehr von ihrem Gast zu entdecken. Bis auf eine. Auf dem Kamin lehnte die Erstausgabe von Martin Chuzzlewit. Lady Winsloe nahm das Buch erstaunt in die Hände, schlug es auf und las auf der ersten Seite die Widmung: Lady Winsloe in tiefer Dankbarkeit von ihrem Freund, dem Autor. Und darunter die Unterschrift: Charles Dickens.

Aus England

VOM BROTLAIB,
DER NIE KLEINER WURDE

Es war einmal ein Gutsherr, der einen schönen Hof sein Eigen nannte. Eines Tages, als er seine Felder bewirtschaftete, entdeckte er am Rain einen kleinen verschüchterten Jungen, den offenbar jemand dort ausgesetzt hatte. Der Knabe tat ihm leid; er nahm ihn mit nach Hause, gab ihm reichlich zu essen und zu trinken und sorgte auch in jederlei anderer Hinsicht für ihn. Er wuchs ihm nach und nach so ans Herz, als sei es sein eigener Sohn.

Unweit des Gutshofes stand die alte Dorfkirche. Gleich neben der Eingangstür erhob sich ein hölzernes Kreuz, auf dem die Muttergottes gemalt war, die das Jesuskind auf dem Arm hielt. Als der Knabe das Jesuskind zum ersten Mal sah, dachte er, es wäre lebendig und ein kleiner Junge wie er. Vielleicht hat es Hunger, ging es ihm durch den Kopf. Am nächsten Tag steckte er nach dem Essen ein Stück Brot in die Tasche, ging zur Kirche und sagte zu dem Jesuskind: »Du hast bestimmt Hunger. Sieh nur, ich habe dir etwas zu essen mitgebracht.« Bei diesen Worten kramte er das Brot aus seiner Hosentasche. Von diesem Tag an nahm er jeden Mittag etwas zu essen vom Hofe mit, um es dem Jesuskind zu bringen: Einmal war es ein Apfel, ein andermal ein gekochtes Ei, dann ein Stück vom gebratenen Huhn. Und jedes Mal geschah das Wunder: Das Jesuskind streckte sein Ärmchen aus und nahm die Gabe entgegen.

So ging es über einige Monate. In der Woche vor Weihnachten, als der Gutsherr alle wichtigen Arbeiten erledigt und mehr Zeit für den Jungen hatte, bemerkte er, dass dieser stets Esswaren von daheim forttrug, aber mit leeren Händen zurückkam. Als er ihn darauf ansprach, erwiderte der Kleine: »Die gebe ich dem Jungen bei der Kirche!« Das erboste den Gutsherrn dermaßen, dass er ihm rechts und links eine schallende Ohrfeige verpasste, weil er glaubte, sein Schützling würde einen fremden Bauernbuben mit seinen Lebensmitteln durchfüttern. »Hier bekommst du nichts mehr zu essen, soll dein neuer Freund doch für dich sorgen!«

Da lief der Knabe weinend zum Kreuz und sagte: »Heute konnte ich dir nichts mitbringen. Ich habe selbst großen Hunger. Hast du nicht heute einmal etwas für

»Die Barmherzigen geben durch die Tür und Gott steckt es zum Fenster wieder hinein.«

Aus England

mich zu essen?« Da wurde die Gottesmutter lebendig, reichte dem Kleinen einen Brotlaib, so groß wie ein Wagenrad, und sagte: »Jeden Tag hast du meinem Kind zu essen gegeben. Nimm dieses Brot und du wirst nie wieder Hunger haben.«

Wie von selbst rollte der Brotlaib den Weg entlang, fast bis zum Hof. Der Gutsherr war froh, dass der Kleine wieder da war, denn er hatte seine harten Worte und die Schläge schon bitter bereut. Aber wie groß war erst das Erstaunen, dass das Brot nicht weniger wurde. Sobald er eine Scheibe davon abschnitt, wuchs der Laib wieder zu seiner vorherigen Größe heran. So hatten alle auf dem Gutshof, ganz gleich, wie die Ernte ausfiel, ein Leben lang zu essen.

Aus Rumänien

DER DIEB

Es war wenige Tage vor dem Heiligen Abend, als ich eines Nachmittags an einer Weihnachtsfeier in einem kleinen Ort in der Nähe von Santiago teilnahm, die von einer mir bekannten Dame veranstaltet wurde. Viele elegant gekleidete Leute standen um mich herum, plauderten, lachten und prosteten einander zu. Platten mit kleinen Speisen wurden gereicht; dazu gab es Sekt und Bier; Eis und Limonade für die Kinder. Durch eine Musikkapelle, die Tanzmusik spielte, wurde die ohnehin frohe Stimmung noch gehoben; die Vorfreude auf den Ball, mit dem das Fest seinen Abschluss finden sollte, breitete sich unter den Gästen bereits jetzt schon aus.

In der Mitte des festlich geschmückten Salons stand ein riesiger Weihnachtsbaum, über und über mit Kugeln und Spielsachen geschmückt: Puppen hingen daran und Laternen, Kasperlefiguren sowie kleine Trommeln und Trompeten. Der Höhepunkt des Abends bestand nämlich darin, dass diese Geschenke an die Waisenkinder des Ortes verteilt wurden. Die Hausherrin gesellte sich hier und da zu den einzelnen Grüppchen und war

»Nach Hause kommen,
das ist es, was das Kind von
Bettlehem allen schenken will,
die weinen, wachen und
wandern auf dieser Erde.«

Friedrich von Bodelschwingh

rundum zufrieden. Morgen würde in der Zeitung das Lob auf die Wohltäterin zu lesen sein und was für eine wundervolle Weihnachtsfeier sie in ihrem Haus den Waisenkindern wieder einmal ausgerichtet habe.

Von einer Ecke aus betrachtete ich das heitere Treiben. Vom Bier bei dem warmen Wetter ein wenig müde geworden, blickte ich gedankenverloren aus einem der Fenster des Salons, die zur Straße gingen. Da bemerkte ich einen kleinen, dunkelhäutigen, mageren Jungen von vielleicht vier bis fünf Jahren in völlig zerlumpten Kleidern. Er presste sein schmutziges Gesicht fest gegen die Scheiben und starrte mit großen, schwarzen Augen sehnsuchtsvoll auf den Baum. In seinem Blick lag eine so tiefe Traurigkeit, als hätten sich bisher nur die Schatten des Elends auf seine junge Seele gelegt.

Inzwischen war der Augenblick gekommen, wo die Geschenke verteilt werden sollten. Einige der vornehmen Damen und Freunde des Hauses nestelten an den Bändern und Schleifen herum, um die Spielsachen von dem Baum zu nehmen. Die Waisenkinder standen, in ihre blauen Uniformen gekleidet, brav in Zweierreihen aufgestellt, vor dem Baum und warteten aufgeregt auf ein Zeichen der Erzieherin, sich dem Baum nähern und die Gaben in Empfang nehmen zu dürfen. Mit einem Mal entdeckte ich zwischen all den gut gekleideten Kindern den kleinen Jungen, den ich vor dem Fenster gesehen hatte. Er duckte sich zwischen den hellen Sommerkleidern, schlich zum Baum und kletterte mit der Geschwindigkeit eines Affen zur Baumspitze, hangelte sich den dort baumelnden Harlekin herunter und flüchtete zur Tür.

Niemand außer mir hatte ihn in der Aufregung um die Geschenke bemerkt. Kinder und Gäste zerstreuten sich bei dem sonnigen Wetter nach und nach in dem Park, der das Haus umgab. Ich kann heute nicht mehr sagen, was mich getrieben hat, dem kleinen Dieb, der sich durch das Gedränge schob, zu folgen. Aus gemäßigtem Abstand heraus sah ich, dass er den Harlekin überglücklich an sich drückte und die vorhin noch so todtraurigen Augen vor Glück aufleuchteten.

Im Schatten alter Bäume, unter denen sich einige Wege im Park kreuzten, sah ich ein kleines Mädchen von vielleicht sechs Jahren, das im Rollstuhl saß. Ich wusste, dass es die jüngste Tochter der Hausherrin war, die an einer unheilbaren Krankheit litt; das blasse Gesicht schon vom nahenden Tod gezeichnet. Es war ein hübsches Kind, mit langen blonden Haaren und blauen Augen, die in die Ferne zu schweifen schienen; in ihrem weißen, mit Spitzen verzierten Kleid mutete sie wie eine himmlische Erscheinung an. Der Junge blieb wie erstarrt stehen und betrachtete das Mädchen, als sei ihm ein Traumbild erschienen. Wie verzaubert tastete er sich mit behutsamen Schritten zu dem Rollstuhl vor, packte den Harlekin mit beiden Händen, legte ihn auf den Schoß des kranken Kindes und sagte mit spröder Stimme: »Das ist für dich, Engel.«

Das Mädchen hielt den Harlekin einen Augenblick mit seinen schmalen blassen Händen fest und seine blauen Augen leuchteten kurz auf. Dann flüsterte es: »Nein, du hast ihn geschenkt bekommen, nimm ihn mit. Er gehört dir.« Der Knabe nahm das Spielzeug wieder an sich, drehte sich noch einmal nach der Kranken um, winkte ihr kurz zu und rannte davon.

Aus Chile

»Schenke herzlich und frei.
Schenke dabei,
was in dir wohnt
an Meinung, Geschmack und
Humor,
sodass die eigene Freude
zuvor
dich reichlich belohnt.«

Joachim Ringelnatz

EIN WEIHNACHTSTRAUM

Einem alten Aberglauben nach kann man sich durch allerlei geheimnisvolle Tricks in den Besitz eines Heckrubels bringen, der, sobald man ihn ausgegeben hat, wieder in die eigene Tasche zurückspringt. Deshalb wird er auch oft Springrubel genannt. Um ihn zu erwerben, muss man allerlei Ängste durchstehen und ständig auf der Hut sein. Ich kann mich nur noch daran erinnern, dass man am Weihnachtsabend eine schwarze Katze suchen und den Weg zu einer Kreuzung finden muss, von der ein Weg zum Friedhof führt. An dem Abzweig hat man die Katze so fest zu drücken, bis sie laut miaut. Dann wird jemand, kurz bevor die Uhr Mitternacht schlägt, kommen und die Katze kaufen wollen. Er wird viel Geld dafür bieten, aber man muss standhaft bleiben und nur einen Rubel verlangen. Wenn einem all diese geheimnisvollen Handlungen geglückt sind, soll man den Rubel in seine Manteltasche stecken, ganz fest drücken und schnell fortlaufen. Dann hat man einen Heckrubel, mit dem man sich alles Schöne auf der Welt kaufen kann, ganz gleich, was es kostet.

Als ich ein kleiner Junge war, hatte ich diesen Aberglauben natürlich für bare Münze genommen. Mein Kindermädchen nährte meinen Glauben daran, denn sie erzählte mir am Abend vor dem Weihnachtsfest, als ich schon im Bett lag, ausführlich von all den Zauberkünsten mit der schwarzen Katze und der Kreuzung und von dem Feilschen mit dem Teufel um den Preis. An diesem Abend würden viele Menschen schreckliche Ängste durchstehen, um an den Heckrubel zu gelangen; aber was für wundervolle Dinge könnte man auch damit erwerben. Ich hörte ihr schon gar nicht mehr zu, denn in Gedanken träumte ich bereits von den herrlichsten Süßigkeiten, von Lebkuchen, Zuckerstangen und gebrannten Nüssen und von vielerlei buntem Spielzeug. Mehrfach war ich schon auf dem Weihnachtsmarkt gewesen und hatte dort kostbares Kunsthandwerk gesehen, das mich nur so hatte staunen lassen.

Aber schon bald setzte die Ernüchterung ein: Ich würde keinen Heckrubel zum Weihnachtsfest bekommen, sondern einen ganz gewöhnlichen Rubel wie in jedem Jahr. Doch das Kindermädchen beugte sich über mich und flüsterte mir liebevoll ins Ohr, meine Großmutter befände sich im Besitz eines Heckrubels und wolle ihn mir zum Weihnachtsfest schenken; ich müsse aber äußerst sorgfältig damit umgehen. Natürlich wollte ich wissen, was sie damit meinte, aber sie sagte, das würde mir meine Großmutter schon erklären. Dann löschte sie die Lampe und überließ mich meinen Träumen. Das Kindermädchen hat mich noch nie angeschwindelt, dachte ich und versank in wohligem Schlaf. Die Nacht verging im Nu – und tatsächlich: Da stand meine Großmutter an meinem Bett und reichte mir eine blitzblanke, silberne Münze. »Hier hast du einen Heckrubel«, sagte sie, »nach dem Kirchgang kannst du damit auf den Weihnachtsmarkt gehen und einkaufen. Aber eins muss ich dir noch sagen: Der Rubel bleibt nur so lange in deiner Tasche, wie du etwas kaufst, das für andere notwendig und nützlich ist; verschwendest du auch nur einen Groschen, dann verschwindet der Rubel für immer.«

»Nun, so klein bin ich ja nun auch nicht mehr, dass ich nicht weiß, was notwendig und nützlich ist. Ich werde mit wunderbaren Einkäufen zurückkommen«, versprach ich selbstbewusst. Die Großmutter wiegte den Kopf und schwieg, sodass ich unsicher wurde. Schließlich bat ich sie dann doch, mit mir zusammen auf den Markt zu gehen, denn ich wollte den Heckrubel ja auf keinen Fall verlieren. »Ich darf dich aber nicht beraten. Du besitzt ja den Heckrubel, deshalb musst auch du allein entscheiden, was du kaufen willst.« »Aber ich werde doch in deinen Augen ablesen können, ob ich mich richtig entscheide?«, warf ich ein. »Gut, dann lass uns zusammen losgehen!«

Die Luft war klar, die Sonne schien, und schon bald rochen wir den Duft von gebrannten Nüssen und gebratenem Fleisch. Die ganze Stadt, so schien es, war auf den Beinen. Eine Reihe von Jungen veranstaltete mit kleinen Tonpfeifen ein wildes Konzert; sie hatten sich von dem Groschen, den sie von ihren Vätern bekommen hatten, diese kleinen Instrumente gekauft. Hinter dem Zaun lungerte eine ganze Schar Buben aus armen Familien herum, die keinen Groschen erhalten hatten, und sahen den anderen neidvoll zu. Mit großen Augen blickte ich meine Großmutter erwartungsvoll an. Tonpfeifen waren zwar weder notwendig noch nützlich, aber ich konnte in den Augen meiner Großmutter Zustimmung erkennen. Schon hatte ich ein Dutzend

Pfeifchen erstanden und an die armen Kinder verteilt. »Das hast du gut gemacht«, lobte mich meine Großmutter, »auch arme Kinder wollen Spaß haben und sich vergnügen. Wenn du in der Lage bist, ihnen eine Freude zu machen, musst du das tun.« Das Kleingeld, das ich vom Händler zurückbekommen hatte, war schnell in meiner Manteltasche verschwunden. Nun fühlte ich besorgt, wie es um den Heckrubel bestellt war. Aber siehe, er war noch da. Nun wusste ich also, worauf es ankam. Für die beiden Hausmädchen kaufte ich bunte Tücher und für die Tochter unserer Wirtschafterin Haarspangen aus Karneol. Mir war dabei zwar etwas unbehaglich zumute, aber meine Großmutter meinte, das sei schon recht, eine arme Braut solle sich schmücken, wenn sie einen neuen Lebensabschnitt beginnt. Endlich erstand ich auch für mich eine große Tüte mit Süßigkeiten, von der ich sogleich ein wenig naschte. An dem nächsten Stand kaufte ich einen Psalter für unsere Viehmagd. Sie hatte jeden Tag in dem ihren gelesen, bis ein allzu neugieriges Kälbchen alle Seiten angefressen hatte, was für sie ein schmerzlicher Verlust war. Die alte Frau würde sehr glücklich sein, wenn sie nun wieder Trost in dem neuen Gebetbuch finden würde.

Ich kaufte noch viele andere schöne Dinge: für unseren Kutscher ein besticktes Wams und für den Schuster eine Ziehharmonika. Nach jedem Einkauf fühlte ich in meine Manteltasche, aber der Rubel war noch da. In meinem Eifer hatte ich gar nicht gemerkt, dass mir inzwischen eine ganze Schar an Leuten folgte. Ich war zum Mittelpunkt des Marktes geworden – und ich genoss das mich überwältigende Gefühl von Reichtum und Macht. Da kam plötzlich ein dickbäuchiger Jahrmarkthändler auf mich zu und sagte: »Junger Herr, ich weiß wohl, dass Sie sehr reich sind, denn Sie haben einen Heckrubel und könnten den ganzen Weihnachtsmarkt aufkaufen. Sie haben so viele nützliche Dinge für andere Menschen gekauft. Aber dankt Ihnen das jemand? Sehen Sie sich nur um!« Verblüfft musste ich feststellen, dass ich mit dem Dicken ganz allein dastand. Auch meine Großmutter war verschwunden.

Die Menschen hatten sich alle um einen langen dürren Mann versammelt, der eine Weste mit schimmernden Glasperlen trug, die bei jeder Bewegung in anderen Farbtönen aufleuchteten. Auch die Hausmädchen mit den neuen Tüchern, der Kutscher mit dem bestickten

Wams, die Braut mit den Haarspangen sowie die Viehmagd mit dem neuen Psalter bestaunten den jungen
Mann. Der Schuster mit der Ziehharmonika und die
Buben mit den Tonpfeifen hatten ihn umringt und
machten ihre Musik dazu. Ich war wütend. Schon eilte
ich zu dem Mann mit der mit den Glasknöpfen besetz-
ten Weste und fragte, was er für dieses Kleidungsstück
verlange. »Die Weste kostet nichts, denn sie wärmt und
leuchtet nicht. Aber für jeden Glasknopf müssen Sie
mir einen Rubel geben!« Bei diesen Worten lachte er
höhnisch. Ich griff in meine Tasche – aber siehe da, der
Heckrubel war verschwunden. Ratlos und verlegen sah
ich den Mann an und merkte, dass alle um mich herum
lachten und mich verspotteten. Ich weinte bitterlich ...
und wachte auf.

An meinem Bett stand meine Großmutter und hielt
einen silbernen blanken Rubel in der Hand, den sie mir,
wie in jedem Jahr, am Weihnachtsmorgen schenkte. Ich
erzählte ihr, immer noch schluchzend, was ich geträumt
hatte. »Das ist ein wundervoller Traum«, meinte sie,
»wenn du ihn richtig zu deuten weißt. Ich denke, der
Heckrubel bedeutet all deine Begabungen, die dir mit

in die Wiege gelegt worden sind. Du hast die Aufgabe, sie zu entfalten und aus ihrer Kraft anderen Menschen zu helfen und Gutes zu tun. Denn das Glück, das du anderen Menschen schenkst, wird dein eigenes Herz bereichern. Der Mann mit der Weste mit den Glasperlen steht für die Eitelkeit, denn sie ist weder nützlich noch notwendig. Als du ihn erblickt hattest, ging es dir nicht mehr um deine Mitmenschen, sondern nur noch darum, selbst bestaunt und bewundert zu werden – und da ist der Rubel verschwunden. Ich wünsche dir sehr, dass du diesen Weihnachtstraum niemals vergisst. So, und nun steh auf! Wir wollen in die Kirche gehen und anschließend auf dem Weihnachtsmarkt all die Dinge kaufen, die du im Traum für die armen Leute erstanden hast.« – »Außer einem.«

»Die Weste mit den Glasknöpfen möchtest du jetzt natürlich nicht mehr haben.«

»Das meine ich nicht. Ich möchte auch die Tüte mit den Süßigkeiten nicht.«

»So streng solltest du nicht mit dir sein«, meinte die Großmutter. »Aber wenn du dadurch größeres Glück empfindest, verstehe ich das.« Plötzlich umarmten wir uns und weinten beide.

An diesem Weihnachtsabend, an dem ich zum Wohle anderer auf alles verzichtete, was mir selbst Vergnügen bereitet hätte, spürte ich das, was die Menschen unter vollendetem Glück verstanden, dem wunschlosen Glücklichsein.

Aus Russland

»Das Wunderbarste an Wundern ist, dass sie manchmal wirklich geschehen.«

Gilbert Keith Chesterton

WEIHNACHTEN
IM HAUS DES RÄUBERS

Nachdem die Heiligen Drei Könige das Jesuskind im Stall von Betlehem angebetet hatten
und wieder gen Osten aufgebrochen waren,
hatte die Heilige Familie gehofft, allmählich zur Ruhe
zu kommen. Da erschien dem Josef nachts im Traum
ein Engel und forderte ihn auf, unverzüglich mit Maria
und dem Kind aufzubrechen, um nach Ägypten zu flie-
hen. König Herodes hatte nämlich vernommen, dass in
Juda ein neuer König geboren worden sei. Nun fürchtete er um seine Macht und befahl, alle Knaben im ganzen Land umbringen zu lassen, die zwei Jahre alt oder
jünger waren.

Mitten in der Nacht also weckte Josef Maria und das
Kind; ihr geringes Hab und Gut luden sie auf einen Esel
und machten sich auf den Weg. Eines Abends wurden
sie von einem heftigen Unwetter überrascht. Verzweifelt suchten sie nach einer Bleibe für die Nacht. Nach
kurzer Zeit entdeckten sie am Weg ein einsames Haus.
Josef klopfte und bat darum, ihm und seiner Familie
Obdach zu gewähren. Natürlich wussten sie nicht, dass

in diesem Haus einer der gefährlichsten Räuber der
ganzen Gegend wohnte. Die Frau des Räubers war sehr
freundlich, nahm die Gäste bei sich auf und gab ihnen
zu essen und zu trinken. Da hörten Maria und Josef,
dass in dem Haus unablässig ein Säugling schrie. Maria
fragte besorgt, warum das Kind denn so wimmern und
weinen würde.

»Unser Töchterchen leidet an einer schrecklichen Haut-
krankheit, der ganze Körper ist mit rötlichem Aus-
schlag bedeckt; sie kratzt sich ständig an den juckenden
Wunden und kann nicht schlafen«, antwortete die Frau
des Räubers traurig. »Bring mir doch bitte eine Wanne
mit warmem Wasser, damit ich meinen Sohn darin baden kann«, bat Maria. Die fremde Frau nickte und erfüllte ihr den Wunsch. Maria badete nun das Jesuskind,
wickelte es und legte es zum Schlafen. Dann forderte
sie die Frau auf, auch ihr Töchterchen zu baden; sie solle es in dem gleichen Wasser tun. Die Frau nahm ihr
Kind aus seinem Bettchen, badete und versorgte es und
legte es wieder hin. Sofort schlummerte das kleine
Mädchen still und friedlich ein.

Es dauerte nicht lange, als der Räuber nach Hause kam. Seine Frau hatte Angst, dass er schrecklich böse werden würde, weil sie fremde Leute in ihr Haus gelassen hatte. Sie fürchtete sogar, er könne ihnen etwas antun. Der Räuber jedoch wunderte sich darüber, dass es so ruhig im Hause war, weil er sein geliebtes Töchterchen nicht weinen und jammern hörte. »Was ist los?«, fragte er erschrocken, »ist unser Kind gestorben?« Da erzählte ihm seine Frau von den Fremden, denen sie ein Quartier für die Nacht gewährt hatte, und von dem Wunder, das durch das Badewasser geschehen war. Zunächst konnte der Räuber das, was ihm seine Frau erzählte, gar nicht fassen. Doch nach und nach spürte er, wie sich in ihm ein tiefes Gefühl von Glück ausbreitete, dass sein Kind endlich von seinem Leiden erlöst war. So dachte er auch nicht im Entferntesten daran, den Gästen in irgendeiner Weise Schaden zuzufügen. Im Gegenteil: Er begleitete die drei am nächsten Tag noch ein ganzes Stück ihres Weges, um sie zu beschützen. Später sandte er eine Botschaft an alle Räuber und Wegelagerer, dafür zu sorgen, dass der fremden Familie und ihrem Kind unterwegs kein Leid geschehen möge.

Aus Griechenland

»Auch ist mir kein Weihnachten, wo es war, vergangen, ohne dass es hinter meinen geschlossenen Augen für eine Sekunde unbeschreiblich hell wurde.«

Rainer Maria Rilke

DAS WEIHNACHTSFEST DER WITWE

Der Winter war in diesem Jahr besonders streng. Seitdem ihr Mann vor drei Jahren gestorben war, hatte die Witwe den kleinen Hof allein bewirtschaftet. Noch wenige Tage vor seinem Tod hatte er daran gezweifelt, dass seine Frau ohne ihn und seine Aufsicht in der Lage sein würde, alles richtig zu machen. Seine größte Sorge galt den Kartoffeln. Am liebsten wäre er aufgestanden und hätte die Saatkartoffeln noch selbst in die Erde gesteckt, aber die Lungenentzündung hatte ihn dermaßen geschwächt, dass er sich kaum mehr auf den Beinen halten konnte. Am Abend kam der Geistliche des kleinen Dorfes bei dem Sterbenden vorbei und versuchte ihn damit zu trösten, dass seine Frau ja gute Nachbarn habe, die ihr beistehen und auch einmal tatkräftig mit anpacken würden. Als der Priester gegangen war, sprach der Kranke ein »Gelobt sei Gott« und konnte wenige Stunden später, wenigstens etwas erleichtert, entschlafen.

Die Zukunft zeigte, dass sich die Prophezeiung des Priesters bewahrheiten sollte. Die Nachbarn unterstützten die »arme einsame« Witwe, was allerdings nicht immer ganz leicht war, weil sie eben auch so ihren eigenen Stolz hatte. In ihrer Kindheit und Jugend hatte sie weitaus bessere Tage erlebt. Sie stammte aus einer vornehmen Familie, und wenn ihr Vater sich nicht gänzlich dem Alkohol hingegeben und die Familie damit ruiniert hätte, wäre ihr Leben sicher anders verlaufen, als hier in dem kleinen Dorf ihr Dasein zu fristen, sich von den Früchten des Hofes zu ernähren und nun auch noch die Unterstützung anderer annehmen zu müssen. Einige der Dorfbewohner bekamen diesen Stolz heftig zu spüren, wenn sie der Witwe etwas Gutes tun wollten, sie dabei aber wie eine Almosenempfängerin behandelten.

Es war natürlich völlig unmöglich, sich zu verhalten wie Judy Ryan, die der Witwe eines Abends einen Eimer Kartoffeln brachte und ausrief: »Ich habe gehört, dass Sie keine Kartoffeln mehr haben! Hier bringe ich Ihnen welche, mehr geht leider nicht, weil wir selbst sehr knapp sind.« Unter einem Aufwand von Ausflüchten belehrte die Witwe Judy Ryan, dass sie mehr Kartoffeln habe, als sie aufessen könne, drückte ihr den vollen Eimer wieder in die Hand und schickte sie zum Teufel, was natürlich dazu führte, dass die Beziehung zwischen ihr und der Familie Ryan für einige Zeit recht frostig wurde. Ähnliche Vorfälle wiederholten sich auch mit anderen Nachbarn; doch nie verdarb sich die Witwe die Freundschaft mit allen, sodass immer wieder jemand kam, um ihr zu helfen.

Am meisten Diplomatie und Taktgefühl bewies dabei die alte Mrs. Kilfoyle. Wenn sie kam, bat sie die Witwe zunächst, ihr irgendeinen Gegenstand aus dem Haus zu leihen, einen Becher vielleicht oder einen Krug, den sie angesichts des reichen Vorrats an Keramik in ihrem eigenen Haus keinesfalls brauchte. Erst kurz bevor sie aufbrach, sich für die Leihgabe bedankte und dadurch das Ehrgefühl der Witwe bestärkte, fragte sie nahezu beiläufig: »Wir haben in diesem Jahr so viele Kartoffeln, dass sie bald zu faulen beginnen, darf ich Ihnen einen Eimer voll zukommen lassen? Es wäre doch schade, wenn sie verderben würden.« Ein anderes Mal bat sie, ihre Söhne mit einigen Torfballen herüberschicken zu dürfen, weil sich der Torf bei ihnen schon bis unter die Decke stapeln würde. »Da wüsste ich auch gleich, dass die Burschen beschäftigt sind und nicht auf dumme

Gedanken kommen«, setzte sie noch hinzu. Auch viele der anderen Nachbarn verhielten sich taktvoll, aber es fiel eben immer wieder einmal ein Wort, das verletzte, auch wenn es noch so gut gemeint war.

Eines Tages aber, es war kurz vor Weihnachten, sollte die Witwe für all diese Kränkungen entschädigt werden. Es hatte leicht zu schneien begonnen, als der Postbote ihr einen Brief brachte. Post war in dem armen Dorf ebenso selten wie ein Einbruch. Mit zitternden Fingern öffnete sie den blauen Umschlag und entnahm ihm ein Dokument, teils gedruckt, teils handschriftlich verfasst, dessen Inhalt sie nicht verstand. Das Einzige, was sie begriff, war, dass es um Geld ging. Das Herz klopfte ihr bis zum Halse. Sie fürchtete, dass es sich um ihre ausstehende Miete handelte und sie nunmehr aus der Hütte vertrieben würde. Wie ein aufgescheuchtes Huhn hastete sie über Stock und Stein den Hügel hinab zu den Kilfoyles, um sich die Unglücksbotschaft erklären zu lassen. Da ihr weder die alte Frau Kilfoyle noch deren Schwiegertochter weiterhelfen konnten, riefen sie Bryan Kilfoyle herbei, der gerade beim Torfstechen war. Er setzte sich auf einen Stein am Rain und studierte das Papier ausgiebig. Inzwischen hatten sich natürlich einige Nachbarinnen und Nachbarn eingefunden, die gespannt auf die Entschlüsselung des Dokuments warteten.

Es dauerte eine Weile, bis Mr. Kilfoyle der Witwe mitteilte, dass sie aus der Hinterlassenschaft einer unbekannten Verwandten aus Amerika fünfzehn Schillinge geerbt habe. Alle waren tief beeindruckt, welch Vermögen in ihr Dorf strömen sollte. Natürlich gab es Miesmacher und Neider. So meinte eine Nachbarin, dass fünfzehn Schillinge ja weniger als ein Goldstück seien. Doch Mr. Kilfoyle erwiderte, dass diese Summe mehr als die Halbjahresmiete und damit doch ein beachtenswerter Geldbetrag wäre. Viele der Nachbarn stimmten ihm zu und gratulierten der Witwe zu dem unerwarteten Vermögenszuwachs. Durch dieses Ereignis wurde bei so manchem im Dorf die Hoffnung genährt, vielleicht in absehbarer Zeit selbst einen Brief zu bekommen, durch den das Erbe eines Unbekannten aus Amerika aus der Armut heraushelfen würde.

Natürlich wurden der Witwe nun von allen Seiten Ratschläge erteilt, was sie mit dem ungeheuren Kapital anfangen könne. Vier Schillinge mussten zunächst einmal an den Krämer gehen, um eine alte Schuld zu begleichen, darüber waren sich alle einig. Aber wie sollte sie mit dem Rest umgehen? Die Ratschläge waren so zahlreich, wie es Einwohner im Dorf gab. Mrs. Kilfoyle meinte, es sei das Gescheiteste, sich einen Vorrat an Hafermehl anzulegen. Davon könne man sich an all den kalten Winterabenden einen Haferbrei kochen; etwas Besseres könne man sich doch gar nicht vorstellen. Ein anderer Nachbar meinte, er würde das Geld an einem sicheren Ort verstecken, dann habe man es zur Hand, wenn zu Himmelfahrt die Halbjahresmiete fällig sei. Die Witwe hörte sich all diese so widersprüchlichen Empfehlungen geduldig an. Sie plane für den nächsten Tag eine Einkaufsreise in die Stadt, ließ sie die anderen wissen. Stacey Doyne sollte sie begleiten, um ihr zu helfen, die Säcke mit Hafermehl zu tragen, wie alle glaubten.

Man musste schon früh am Morgen aufbrechen, weil es ja, wie bekannt für diese Jahreszeit, auch schon sehr zeitig dunkel wurde. Die Stadt lag ein gutes Stück Weg vom Dorf entfernt, war aber letztlich kaum größer als der Flecken selbst. Es gab dort nur einen einzigen Einkaufsladen in einer Hütte, wo man die nötigsten Dinge zum Leben erwerben konnte. Eigentlich also nicht der richtige Ort für das Unterfangen einer »reichen« Witwe.

Bevor die Witwe sich auf den Weg machte, ging sie durch das Dorf und fragte die Nachbarn, ob sie ihnen etwas mitbringen solle. So war es üblich, und man hätte ihr nie verziehen, wenn sie es versäumt hätte. Diese Anfrage war zweifellos nicht ohne Ironie, denn zwar hatten alle Bedarf an etwas, es fehlte ihnen aber das Geld dafür. Die Ernte war schlecht gewesen, und man musste sehen, wie man mit dem wenigen, das da war, durch den Winter kam. So hielt sich die Zahl der Aufträge in Grenzen. Eine Zwirnsrolle, ein Päckchen Streichhölzer und ähnlich kleine Dinge wurden der Witwe ans Herz gelegt. Mrs. Quigly war drauf und dran, etwas Hafergrütze zu bestellen, meinte dann aber, man könne auch bei Kartoffeln bleiben; sehr zum Leidwesen ihres Mannes, der sich schon auf einen warmen Haferbrei zum Frühstück gefreut hatte. Zuletzt suchte die Witwe die Ryans auf. Der alte Mick Ryan war schon seit Langem nicht mehr arbeitsfähig. Sein Gesicht war von Falten zerfurcht und seine Haut vom Torfrauch müde und trocken geworden.

Als er die Witwe sah, blitzten seine Augen für einen Moment auf. »Gehen Sie in die Stadt, Madam? Können Sie mir eine Rolle Tabak mitbringen?« Er erhob sich und wühlte in den Taschen seines grauen Kittels, in denen er früher manchmal ein paar Kupfermünzen versteckt hatte. Seine Tochter mischte sich sofort ein: »Wovon sollen wir denn Tabak bezahlen. Zu Himmelfahrt bringt dir Pat ja wieder eine Rolle aus der Stadt mit.« Bis Himmelfahrt ist es noch so lange hin, dachte der Alte und der vorübergehende Glanz in seinen Augen war auf der Stelle wieder erloschen.

Schließlich traten die Witwe und ihre Begleiterin die Reise in die Stadt an. Sobald sich zwei Nachbarn im Dorf trafen, tuschelten sie darüber, ob sie wohl schon die Hälfte des Weges bewältigt und, zu späterer Stunde, ob sie die Säcke mit Haferbrei wohl schon gekauft hätten. Als es dämmrig wurde, begann man Ausschau nach ihnen zu halten. Aber niemand konnte die beiden Gestalten in der Ferne erspähen. Als es gegen fünf Uhr schon fast dunkel war, wurde gemunkelt, dass ein Unglück geschehen sein müsse. Vielleicht hatte die Witwe die Postanweisung verloren. Oder die Post hatte kein Geld ausgezahlt. Oder den beiden war unterwegs etwas zugestoßen. Es gab da eine finstere Ecke im Wald, an der sich vor Jahren schon einmal ein Überfall ereignet hatte. Bei diesem Gedanken bekreuzigten sich einige der Frauen und zogen sich ängstlich in ihre Hütten zurück. In dem Augenblick, als eine der Nachbarinnen zu bedenken gab, dass sich auf dem schlechten Moorweg große Löcher befänden und man sich dort den Fuß brechen könne, erkannten sie im blassen Mondlicht die Erwarteten, sodass alle Spekulationen von einem Augenblick auf den anderen ein Ende fanden.

Die Witwe hatte in der Stadt umfangreiche Einkäufe getätigt, wie man an dem ausgebeulten Weidenkorb, den sie sich für diesen Ausflug geliehen hatte, erkennen konnte. Das erste Päckchen war schuld an der Verspätung. Sie hatte es auf der Ladentheke liegen lassen und sich erst, als sie schon ein ganzes Stück gegangen waren, daran erinnert. Also mussten sie noch einmal zurück-

gehen. Dafür wäre sie, wie sie versicherte, auch zwei-
oder dreimal umgekehrt. Zunächst suchte sie den alten
Mick Ryan auf.

»Er war den ganzen Tag so unruhig und hat sich von
Larry Shelidan ein paar Streichhölzer ausgeborgt. Aber
das hätten sie doch nicht tun müssen, viel zu teuer war
das«, flüsterte ihr Biddy, die Tochter von Mr. Ryan ins
Ohr, während der alte Mann die Rolle Tabak, zitternd
vor Behagen in die Hände nahm und mit strahlenden
Augen die feuchten Schnittstellen betastete. »Lassen Sie
ihm doch die Freude«, erwiderte die Witwe, worauf
Biddy ihren Vater fragte, ob sie ihm seine Pfeife holen
solle. »Morgen«, sagte der Alte, »heute will ich ihn einfach nur fühlen.«

Doch der Korb barg noch eine ganze Reihe anderer
Schätze. Für Judy Ryans reiche Kinderschar kam eine
beträchtliche Anzahl klebriger, nach Pfefferminz duf-
tender Zuckerstangen zutage, woraufhin die missliche
Angelegenheit mit den gespendeten Kartoffeln vom
Sommer endgültig aus der Welt geschafft und eine neue
Freundschaft besiegelt wurde. Als nächstes kam eine

blaue Flasche, die als »Medizin« deklariert war, zutage und Mr. Sheridan und Mrs. Quigley bedauerten, dass der nach köstlichem Kampfer und Terpentin duftende Inhalt auf dem Etikett als »Gift« bezeichnet und nur zur äußerlichen Anwendung gebraucht werden durfte. Ein anderes Päckchen beförderte für Stacey einen warmen Umhang zutage, damit sie nicht mehr so frieren müsse wie in den Baumwollkleidern, die sie unterwegs getragen hatte. Peg Sheriton geriet außer sich vor Freude über einen Strang Wolle. Sie lahmte ein wenig und hatte schon seit Ewigkeiten den Wunsch, immer etwas »zwischen den Fingern« zu haben.

Die größte Freude hatte die Witwe allerdings an den beiden umfangreichen Paketen, die sie auf den Tisch von Mrs. Kilfoyle stellte. »Nein, das ist doch viel zu viel, wie … wie können Sie nur …«, stotterte die alte Frau, als sie vier Pfund Zucker und ein Pfund Tee bestaunte. Die Witwe unterbrach das Gestammel mit energischen Worten: »Wo denken Sie hin, ich habe das nur für mich selbst getan. Ich kann es einfach nicht mehr mit ansehen, wie Ihre wunderschöne Teekanne oben auf dem Bord so ausgetrocknet herumsteht.« »Ich danke Ihnen sehr, dass Sie an meine Mutter gedacht haben«, meinte die Tochter von Mrs. Kilfoyle leicht beschämt. »Wir setzen gleich Wasser auf. Sie trinken doch nach diesem anstrengenden Tag noch ein Tässchen mit uns?!« Aber die Witwe lehnte ab, sie sei müde und wolle sich nun auf den Heimweg machen.

Die beiden Nachbarinnen, die sie nach Hause begleiteten, fragten, wo sie denn den Sack Hafermehl gelassen habe. »Hafermehl?«, fragte die Witwe, »Was soll ich mich denn mit einem Sack Hafermehl abschleppen? Einer der Burschen kann mir nächstes Mal ein paar Pfund aus der Stadt mitbringen, falls ich denn überhaupt etwas haben will«, denn sie dachte an die drei Kupfermünzen in ihrer Tasche, die den ganzen Rest ihres ererbten Vermögens bildeten. »Eine gute Kartoffel schmeckt allemal besser als eine Hafergrütze.«

Als sie endlich allein in ihrer Hütte war, entnahm sie dem Korb, was sie für sich selbst gekauft hatte: ein Tütchen Salz. Ich hätte für den Sohn von Mrs. Sheridan noch so gerne die Fäustlinge gekauft. Wären sie nur nicht so teuer gewesen. Der kleine Joe hat im Winter

immer so verfrorene Hände, dachte sie. Aber ein unge-
trübtes Glück gibt es auf Erden eben nicht. Selten ist
wohl eine Frau mit ihren Einkäufen in der Stadt so zufrieden gewesen, wie die Witwe an diesem Abend. Als
sie zu später Stunde auf der Pritsche in ihrer Hütte lag,
sprach sie ihr Dankgebet für den vergangenen Tag.
Schon bald mischten sich die Gerüche nach Brot und
Zuckerstangen, nach Tabak und Tee in ihre Träume.
Die Heilige Nacht hatte begonnen.

Aus Irland

»Wenn auch die Freude eilig
ist, so geht doch vor ihr eine
lange Hoffnung her, und ihr
folgt eine längere Erinnerung
nach.«

Jean Paul

DAS WEIHNACHTSWUNDER

Viele dachten mit Sorge an Weihnachten. Es gab zu wenig Arbeit für die Menschen, und die Gelder waren knapp. Wie überall auf der Welt bekamen es die Ärmsten am ersten zu spüren. So sahen viele nur noch eine Hoffnung, zu Geld zu kommen, nämlich durch die Teilnahme an der Weihnachtslotterie des Landes, der ältesten Lotterie der Welt. Immerhin winkte in diesem Jahr ein Hauptgewinn von mehreren Millionen, die auf eine Serie von 180 Losen aufgeteilt wurden. Hier spielte jeder mit: Mitglieder des Königshauses, Polizisten, Verkäufer, Stiefelputzer oder eben die vielen, die gar kein Einkommen mehr hatten. Natürlich konnten sich nicht alle ein ganzes Los leisten. So erwarben viele einen Anteilschein; bisweilen taten sich ganze Hausgemeinschaften, Angehörige einer Firma oder Familien zusammen, um ein Los untereinander aufzuteilen. Die ersten Lose wurden schon im Herbst verkauft; wochenlang fieberten alle der Ziehung entgegen, die wie in jedem Jahr zwei Tage vor Heiligabend stattfinden würde.

Nun lebte im Kantabrischen Gebirge ein armer Pfarrer, der dort ein kleines Krankenhaus verwaltete. Die Mittel dafür waren ihm gestrichen worden, sodass er fürchtete, dass die Klinik schließen müsse. In schlaflosen Nächten sann er immer wieder darüber nach, wie er das Hospital retten könne. Schließlich kam ihm eine Idee. Er erwarb von den geringen Mitteln, die ihm zur Verfügung standen, ein Zehntel Los und schrieb am gleichen Tag an den Direktor der Lotteriegesellschaft einen Brief, in dem er seine verzweifelte Lage in allen Einzelheiten schilderte und mit den Worten endete: »So bitte ich Sie von Herzen, es so einzurichten, dass auf mein Los ein größerer Gewinn entfällt. Das dürfte Ihnen doch ein Leichtes sein. Gott wird es Ihnen lohnen. Meine Losnummer ist 76085.«

Als der Direktor der Lotteriegesellschaft diesen Brief gelesen hatte, schäumte er vor Wut. Was bildet sich dieser elende Pfaffe bloß ein, dachte er bei sich. Einen Augenblick lang sann er darüber nach, den Pfarrer wegen Beleidigung zu verklagen, unterstelle er doch ihm, dem Direktor der Weihnachtslotterie, in den Ablauf der Ziehung einzugreifen und die Lotterie zu manipulieren.

Als er etwas ruhiger geworden war, beschloss er, den Pfarrer zumindest in einem Brief in deutlichen Worten wegen der Ungeheuerlichkeit seines Ansinnens zurechtzuweisen. Aber weil er als Direktor so viel zu tun hatte, vergaß er es wieder. Nun, die Wochen gingen ins Land – und schon war der 22. Dezember gekommen. Wie in jedem Jahr sangen Waisenkinder die Losnummern, die einen Gewinn verhießen, bei der öffentlichen Ziehung vor. Und so nahm das weihnachtliche Wunder seinen Gang: Unser Pfarrer konnte es jedenfalls kaum fassen, dass der Hauptgewinn auf die Losnummer 76085 fiel und er sich nun für die nächsten Jahre keine Sorgen mehr um seine Kranken machen musste. Tief bewegt setzte er sich, sobald er die freudige Nachricht erfuhr, hin und schrieb einen Dankesbrief an den Direktor der Lotteriegesellschaft: »Lieber Freund, so darf ich Sie doch jetzt nennen, ich möchte Ihnen hiermit, auch im Namen meiner Kranken, meinen herzlichsten Dank aussprechen. Das haben Sie ja toll hingebogen. Mit so einer hohen Summe hatte ich nun wirklich nicht gerechnet, doch für die Armen kann man ja nie genug tun.«

Aus Spanien

»Ein frommer Zauber hält
mich wieder.
Anbetend, staunend muss
ich stehn;
es sinkt auf meine Augenlider
ein goldner Kindertraum
hernieder.
Ich fühl's: Ein Wunder ist
geschehn.«

Theodor Storm

WARUM DAS GLOCKENSPIEL ERKLANG

In einem fernen Land stand einst auf einer Anhöhe inmitten der Stadt eine prachtvolle Kirche. An jedem Sonntag pilgerten Hunderte von Menschen den Hügel hinauf, um an der Messe teilzunehmen. Wer das gewaltige Eingangsportal durchschritt, hatte das Gefühl, als würde er eine andere Welt betreten. Das Hauptschiff war unendlich lang; mächtige Steinsäulen trennten es von den Seitenschiffen, in denen sich zahlreiche, mit Gold und Silber verzierte Altäre mit Figuren der Heiligen befanden. In einer Ecke stand eine Orgel, deren Spiel so laut dröhnte, dass es bis zu den Stadttoren zu hören war. Am prächtigsten war der Hauptaltar, in dessen Mitte sich eine zarte Gestalt Marias mit dem Kind auf dem Arm befand. Neben der Kirche stand ein völlig mit Efeu bewachsener Turm, der so hoch war, dass seine Spitze oft in den Wolken verschwand.

Und in eben dieser Spitze befand sich etwas ganz Besonderes, nämlich ein Weihnachtsglockenspiel. Man erzählte sich, dass es dort beim Bau der Kirche von einem großen Künstler angebracht worden sei. Sein Geläut würde so lieblich klingen, als wenn die Engel im Himmel ihre Choräle anstimmten. Einige Leute meinten, es seien geheimnisvolle Winde, die durch die Bäume hindurch singen, andere, dass die Glocken vom Luftstrom zum Klingen gebracht würden. Doch seit sehr, sehr langer Zeit hatte niemand mehr das Glockenspiel zu Gehör bekommen. Nur ein alter Mann bezeugte, seine Mutter habe ihm berichtet, dass sie es vernommen hätte, als sie noch ein kleines Mädchen gewesen sei.

Nun war es Sitte, in der Christmette Opfergaben zum Altar zu bringen. Die meisten Bewohner der Stadt waren davon überzeugt, dass das Glockenspiel bei der wertvollsten Opfergabe erklingen würde. Vielleicht schwieg es, weil die Opfergaben nicht kostbar genug waren, weil niemand mehr etwas von dem darbrachte, was er selbst gern behalten wollte und woran sein Herz hing. An jedem Heiligen Abend war die Kirche bis auf den letzten Platz gefüllt und die Gaben flossen reichlich – doch das Glockenspiel schwieg.

Einige Meilen von der Stadt entfernt lebten ein Junge namens Pedro und sein kleiner Bruder in einem kleinen Dorf. Von der ländlichen Gemeinde aus war von der Kirche nur der matte Schimmer des Turms zu sehen – und das auch nur bei klarem Wetter. Die beiden Jungen wussten nichts von dem Glockenspiel. Sie hatten die Leute allein über den prachtvollen Weihnachtsgottesdienst reden hören; zudem hieß es, manchmal würde das Christuskind heruntersteigen und die Gemeinde segnen. So schmiedeten sie schon in den Adventswochen einen geheimen Plan, denn sie wollten unbedingt einmal diese himmlische Feier in der Kirche erleben. Vielleicht würde ja auch das Wunder geschehen und sie bekämen das Christuskind tatsächlich selbst zu Gesicht.

Am Tag vor Weihnachten war es sehr kalt. Vereinzelt tanzten Schneeflocken zur Erde. Den beiden Jungen gelang es am Nachmittag, heimlich das elterliche Haus zu verlassen. Hand in Hand stapften sie über den gefrorenen Boden. Sie hatten bereits den größten Teil des Weges zurückgelegt und konnten schon die Lichter der Stadt erkennen, als ein regelrechter Schneesturm einsetzte. Gerade wollten sie durch das Stadttor gehen, als sie im Schnee an der Seite des Weges etwas Dunkles entdeckten. Sie gingen hin, um nachzusehen.

Es war eine Frau, die offenbar zusammengebrochen und zu erschöpft war, um wieder aufzustehen und in die Stadt zu gehen, wo man ihr hätte helfen können. Pedro drehte ihr Gesicht zu sich hin und rieb es mit Schnee ein, um ihre Lebensgeister wieder zu wecken. Einen Augenblick dachte er nach. Dann holte er tief Luft und sagte zu seinem kleinen Bruder: »Jetzt sind alle Leute in der Stadt; niemand wird hier mehr vorbeikommen, der helfen kann. Du musst allein in die Christmette gehen. Ich bleibe hier und versuche, die Frau am Leben zu erhalten, indem ich sie, so gut ich kann, warmreibe. Ich will ihr auch das Milchbrötchen zu essen geben, das ich noch in der Tasche habe. Wenn wir sie jetzt hier liegen lassen, wird sie erfrieren.«

»Allein?«, rief der kleine Bruder erschrocken aus. »Und du siehst die schöne Weihnachtsfeier nicht?«
»Du wirst mir nachher alles ganz genau erzählen. Und sprich alle Gebete im Herzen für mich mit. Das Christkind wird wissen, wie gern ich auch in die Kirche ge-

kommen wäre!« Pedro musste nun doch schlucken.

»Wenn der Gottesdienst zu Ende ist, bringst du jemanden mit, der sich um sie kümmern kann.« Der kleine Bruder zögerte. Pedro kramte in seiner Hosentasche.

»Hier, nimm diese kleine Silbermünze, und wenn du die Möglichkeit hast, ungesehen zum Altar hoch zu schlüpfen, dann lege sie dem Christuskind als meine Opfergabe hin. Und nun beeil dich, damit wenigstens du die große Feier von Anfang an miterleben kannst!« Mit diesen Worten drängte er den Kleinen zum Aufbruch. Er musste schon bitter mit den Tränen der Enttäuschung kämpfen, den prachtvollen Gottesdienst nun nicht miterleben zu dürfen, auf den er sich seit Wochen gefreut hatte, und stattdessen einsam und verlassen vor dem Stadttor im kalten Schnee bei der fremden Frau zu hocken.

An diesem Heiligen Abend war das Innere der Kirche allein von Kerzenlicht erhellt. Die vergoldeten Engel zu den Seiten des Hauptaltars glänzte in ihrem Schein und verliehen dem Raum auch dadurch eine außerordentlich feierliche Atmosphäre. Als die Orgel anhob und Tausende von Stimmen die Weihnachtschoräle sangen, erzitterten die Wände von dem Klang, und der kleine Pedro draußen vor der Stadt spürte, wie der Boden um ihn herum bebte.

Am Ende des Gottesdienstes begann die Prozession zum Altar, um dem Christuskind seine Opfergaben darzubringen. Reiche Leute schritten voran. Die einen trugen Körbe mit reinem Gold, andere mit funkelnden Edelsteinen nach vorn. Schließlich ging der König selbst gemessenen Schrittes durch den Hauptgang, verbeugte sich ehrfurchtsvoll vor dem Altar, nahm seine goldene, über und über mit glitzernden Juwelen besetzte Krone ab und legte sie zu den anderen Gaben auf den Altar. Ein Raunen durchzog das Kirchenschiff und alle dachten, dass nun das Glockenspiel am Turm erklingen müsse, denn ein solches Geschenk hatte es für das heilige Kind noch nie gegeben. Aber nichts dergleichen geschah. Einige Leute murmelten, dass sie im Grunde ihres Herzens nie an die Geschichte vom Glockenspiel geglaubt hatten. Das sei doch nur eine fromme Legende.

Inzwischen war die Prozession vorüber und der Chor hatte mit dem Schlusschoral eingesetzt. Plötzlich erhob der Priester beide Hände, um Stille zu gebieten. Die Orgel schwieg und von einem Augenblick auf den anderen war es in der Kirche mucksmäuschenstill. Die Glocken an der Turmspitze erklangen zart und lieblich; die Töne schienen gleichsam tanzend von oben zu fallen, um dann leichtfüßig wieder in den Himmel emporzusteigen; man konnte tatsächlich meinen, es schwebten Engel durch den Raum. Noch nie hatte jemand solch wundervolle Musik vernommen.

Die Gemeinde saß wie erstarrt in den Bänken. Mit einem Mal standen alle, wie auf ein Zeichen hin, auf, um zu erspähen, welche kostbare Gabe die Weihnachtsglocken nach all den Jahren wieder zum Klingen gebracht hatte. Doch alles, was die Leute, die vorn, in den ersten Reihen standen, erkennen konnten, war die Gestalt eines Kindes. Es war der kleine Bruder, der sich ganz am Ende der Prozession zum Altar geschlichen und Pedros Silbermünze dort hingelegt hatte.

Aus Amerika

»Der Gütige lässt die Art,
wie er einen geliebten
Menschen behandelt,
auch den Ungeliebten
zuteil werden.«

Mengzi

DER SKLAVEN-PATRON

In dem kleinen Städtchen Andratx im Westen der Insel Mallorca lebte einst ein Patron in einem prächtigen Haus nahe dem Stadttor. Seit vielen Jahren hatte er es sich zur Gewohnheit gemacht, am Weihnachtstag denjenigen zum Essen einzuladen, den er beim Glockengeläut der Kirche durch ebendieses Tor in den Ort hineinkommen sah. Wieder war es Weihnachten geworden, als der Patron nach einem Gast Ausschau hielt. Da entdeckte er unter dem Stadttor einen Mauren. Im Grunde genommen mochte er die Mauren nicht sonderlich; um aber an seinem Brauch festzuhalten, ging er hinaus und lud den Fremden zum Mittagsmahl ein. Sie aßen und tranken, plauderten über Gott und die Welt; dann dankte der Gast für die überaus reiche und freundliche Bewirtung, verabschiedete sich und zog seines Weges.

Nun begab es sich eines Tages, dass die Barke des Patrons von den Mauren überfallen und er selbst auf dem Sklavenmarkt zum Kauf angeboten wurde. Da kam ein Maure im mittleren Alter vorüber, kaufte den Mann, nahm ihn mit zu sich nach Hause und gab ihm zu essen. Dann sagte er: »Ihr seid Mallorquiner, nicht wahr? Stammt ihr nicht zufällig aus der Stadt Andratx?« Der Fremde nickte erstaunt und fragte: »Wer seid ihr? Ich kenne euch nicht!« – »Vor ein paar Jahren war ich auf Mallorca. Da habt ihr mich am Weihnachtstag zu euch zum Essen eingeladen. Deshalb habe ich euch jetzt bewirtet und gebe euch eure Freiheit zurück.« Der Patron dankte ihm herzlich und begab sich wieder in seine Heimat.

Es mögen so vier oder fünf Jahre ins Land gegangen sein, als der Patron erneut von den Mauren überfallen und verschleppt worden war. Abermals wurde er auf dem Sklavenmarkt verkauft – und wiederum war es besagter Maure, der ihn freikaufte und ihm zu essen und zu trinken gab. Das Gleiche geschah ein paar Jahre später noch einmal.

Nach dem Essen meinte der Maure: »Dreimal habe ich euch bewirtet und die Freiheit zurückgegeben. Jetzt bin ich alt und grau und weiß nicht, wie lange ich noch leben werde, um euch möglicherweise ein weiteres Mal helfen zu können. Ich bitte euch von Herzen: Kehrt nicht wieder in eure Heimat zurück; seht euch nach einem Schiff um, das euch in die Fremde bringt, und sucht dort euer Glück, damit ihr an eurer Sitte festhalten könnt, Menschen am Weihnachtstag zu bewirten, die weit von ihrem Zuhause entfernt sind.«

Aus Mallorca

»Du Morgenstern, du Licht
vom Licht,
das durch die Finsternisse
bricht,
du gingst vor aller Zeiten
Lauf
in unerschaffner Klarheit auf.«

Johann Gottfried Herder

DIE WEIHNACHTSGÄSTE

Frau Vang sah dem bevorstehenden Weihnachtsfest in diesem Jahr mit gemischten Gefühlen entgegen. Vor zwei Jahren war ihr Mann gestorben. Im vergangenen Jahr war sie bei ihrem Jüngsten und seiner Familie zu Gast gewesen, hatte aber das Gefühl gehabt, die Freude am Fest durch ihre Trauer überschattet zu haben. Das sollte sich nicht wiederholen. Von daher hatte sie die Einladungen ihrer Kinder abgelehnt, wollte den Heiligen Abend aber auch nicht allein mit ihrem Dienstmädchen Majken verbringen. Da sie über ein ansehnliches Vermögen verfügte und gern wohltätig war, bat sie die Gemeindeschwester, eine arme Familie ausfindig zu machen, die sie zum Weihnachtsfest bewirten dürfe. Auch an Geschenken für die Kinder solle es nicht fehlen, wenn man ihr zuvor deren Alter mitteilen würde, und einen prachtvoll geschmückten Christbaum werde sie auch aufstellen.

Die einzige Sorge, die Frau Vang hatte, war, wie sie denn zwischen den vielen Familien, die sich um solches Fest bei ihr bewerben würden, die bedürftigste herausfinden sollte. Doch nach einer Woche teilte ihr die Ge-

meindeschwester mit, dass sie keine einzige Familie gefunden habe, die bereit gewesen wäre, bei Frau Vang
Weihnachten zu feiern. Frau Vang war nicht nur ent-
täuscht, sondern zugleich auch verärgert. Da wollte man
in Gottes Namen etwas Gutes tun und niemand dankte es ihr. Und weil sie ihre Bibel gut kannte, verglich sie
sich mit dem König, der seine Diener ausgesandt hatte,
um Gäste zur Hochzeit zu laden; und wie wütend der
darüber gewesen war, dass alle abgesagt hatten. So nahm
sie die Sache jetzt beherzt selbst in die Hand. Sie be-
suchte notleidende Familien, arme Ehepaare und zuletzt auch einsame alte Frauen, um sie zum Christfest
einzuladen. Doch alle wollten lieber in ihren eigenen,
oftmals recht bescheidenen kleinen Wohnungen das
Weihnachtsfest verleben, weil es eben ihr Zuhause war,
als in den großen, aber fremden Räumen der reichen
Frau Vang.

Als sie am Abend die Adventskerzen anzündete, sich
einen Glögg zubereitet hatte und in ihrem Andachts-
buch las, ging ihr auf, dass sie bei all ihren Unterneh-
mungen in den letzten Wochen in erster Linie an sich
selbst und ihr wohltätiges Ansinnen gedacht und Gott

außer Acht gelassen hatte. Nun legte sie ihr Anliegen im Gebet in Gottes Hände und vertraute darauf, dass alles seinen rechten Gang finden würde. Inzwischen war der Heilige Abend gekommen. In der Nacht hatte es geschneit und den kleinen Ort in eine zauberhafte Winterlandschaft verwandelt.

Als Frau Vang zum Bäcker kam, um frisches Brot und einen Christstollen zu kaufen, fiel ihr ein armselig gekleidetes Ehepaar auf, das den Laden, mit einer großen Plastiktüte in der Hand, etwas übereilt verließ, wie ihr schien. »Was sind denn das für Leute?«, fragte sie neugierig. »Man erzählt sich, dass sie bei einigen Häusern versucht hätten, Waren zu verkaufen. Beim Metzger hätten sie später vier Scheiben Wurst gekauft. Alle fragten sich, wo die beiden wohl herkommen und wer sie sind. Haben Sie gesehen, wie erloschen die Augen des Alten sind und wie grau und verbraucht das Gesicht der Frau unter ihrem tief heruntergezogenen Kopftuch aussieht? Ich habe noch nie so durch und durch traurige Menschen gesehen.« »Nein, ich habe sie gar nicht richtig angeblickt, sie gingen ja gerade hinaus, als ich kam«, erwiderte Frau Vang. Schon redete die Verkäuferin weiter.

»Ich habe mich ja auch nicht getraut, sie zu fragen. Sie haben ihre Brötchen bezahlt, also geht mich alles Weitere nichts an.« Bei diesen Worten wandte sie sich der nächsten Kundschaft zu.

Ein zweites Mal erspähte Frau Vang die beiden Fremden am Abend im Gottesdienst. Sie saßen ganz hinten an der Tür bei den Opferstöcken und erinnerten an die Bilder, die man vor langer Zeit am Opferstock befestigt hatte, um die Reichen zu einer Spende für die Ärmsten zu bewegen. Frau Vang sah die beiden kurz an, doch irgendetwas, das sie sich selbst nicht erklären konnte, wehrte sich in ihr, sie zu sich nach Hause einzuladen. Nach dem Gottesdienst eilten alle zu den beleuchteten Christbäumen und feinen Essen in den festlich geschmückten Stuben heim. Nur das fremde Ehepaar lauschte dem Orgelspiel, bis es verstummt war und der Kirchendiener, schon etwas ungeduldig, die Tür hinter ihnen abschloss.

Am Abend bekam Frau Vang die sonderbaren Fremden ein drittes Mal zu Gesicht. Sie hatte gerade in aller Ruhe eine Tasse Tee getrunken, als es klingelte. Wer kann das sein, dachte sie, ob doch eines der Kinder …? Als sie die Tür öffnete, stand die alte Frau mit dem herabgezogenem Kopftuch vor ihr. Frau Vang war eine Wohltäterin, sie spendete von ihrem Vermögen an Einrichtungen, die die Gelder für wohl überlegte Vorhaben verwendeten. Aber an der Tür bekam keiner von ihr auch nur eine Krone. Ein Butterbrot vielleicht und einen Gutschein für eine Übernachtung in einer einfachen Herberge. Damit war sie bisher immer gut gefahren. Doch beim Anblick der Greisin beschlich Frau Vang ein dermaßen großes Unbehagen, dass sie die Tür am liebsten gleich wieder zugemacht hätte. Vielleicht könnte sie diese unangenehme Situation ausnahmsweise doch mit Geld regeln, schließlich war heute ja Heiliger Abend. Sie ging zum Sekretär, entnahm ihm einen Hundertkronenschein und wollte ihn der Frau in die Hand drücken. Die aber rührte sich nicht.

»Ich bin keine Bettlerin«, sagte sie mit müder, aber zugleich stolzer Stimme. »Aber ich möchte Ihnen gern etwas verkaufen. Ich würde Sie sicher nicht am Heiligen Abend damit belästigen, aber ich muss für meinen Mann dringend eine neue Medizin besorgen. Sehen Sie hier!«, bei diesen Worten holte sie ein Bündel unter ihrem Tuch hervor, das sie vor Frau Vang entfaltete, »dies sind alles echte Spitzen. Sie können sie für zweihundert Kronen haben. Sie sind mehr wert, aber am Heiligen Abend möchte ich nicht feilschen. Sehen Sie sie sich an!« Der Ton war so bestimmend, dass Frau Vang die Spitzen ergriff wie ein gehorsames Kind. Im ersten Augenblick dachte sie, dass sie da ein gutes Geschäft machen würde, denn für die Spitzen hätte die Frau ein Vielfaches verlangen können. Doch sie besann sich und sagte: »Nein, ich nehme sie Ihnen nicht für zweihundert Kronen ab. Ich zahle Ihnen den Betrag, den sie wirklich wert sind.«

In diesem Augenblick zog die alte Frau ihr Tuch vom Kopf und ließ ein altes, faltiges, aber doch vornehmes Gesicht erkennen. »Du scheinst dich verändert zu haben, seit wir uns das letzte Mal gesehen haben, Ebba«, sagte die Alte. Frau Vang wurde blass. »Sind Sie, sind Sie etwa Frau Dyberg?« »Ja, ich bin Frau Dyberg, aber früher hast du mich Anna genannt.« Unter Frau Vang schien der Boden zu schwanken. Von einem Augenblick auf den anderen stiegen Tausende an Bildern und Erinnerungen in ihr auf. Ihr Mann hatte vor vielen Jahren einen Geschäftsteilhaber gehabt, den Mann ihrer Jugendfreundin Anna. Als sich seine eigene Stellung nach einigen Jahren gefestigt hatte, hatte er sich gegen dessen Willen von ihm getrennt.

Es war dabei wohl nicht ganz aufrichtig zugegangen. Die eigentlichen Zusammenhänge und Hintergründe hatte sie nie erfahren, im Stillen aber immer geahnt. Jedenfalls war es den Vangs seither zunehmend gut gegangen, während es mit Herrn Dyberg, seinem früheren Teilhaber, immer weiter bergab ging, bis er vollends aus der Geschäftswelt verschwand. Als ihr Mann auf dem Totenbett um ein Gespräch mit dem Pfarrer und um das Abendmahl gebeten hatte, ahnte sie, dass ihn eine Schuld quälte, die wohl mit seinem ehemaligen Teilhaber in Zusammenhang stand. Vielleicht war damit auch ihre eigene innere Unruhe zu erklären, die sie durch Kirchgang und Wohltätigkeiten zu beschwichtigen suchte. Jetzt aber war die Möglichkeit gekommen, Licht ins Dunkel zu bringen.

Sie atmete tief durch. Doch zugleich beschlich sie die Angst, ihre Jugendfreundin könne mit ihrem Mann, der vermutlich draußen im Dunklen wartete, wieder entschwinden, ohne dass ein Wort über damals gesprochen worden wäre. In ihrem Herzen betete sie, Gott möge ihr jetzt beistehen. Als Frau Dyberg wirklich im Begriff war, sich wieder ihr dunkles Kopftuch überzuziehen, schrie Frau Vang laut auf. »Nein, nein!«, rief sie, entriss Anna das Tuch, warf sich ihr in die Arme und weinte all die über Jahrzehnte hin unterdrückten Tränen an Scham und Schuld. Die alte Frau stand zunächst stocksteif da, doch dann legte sie eine Hand auf Frau Vangs Schulter, und eine Träne, eine einzige, quoll aus den geschwollenen Augenlidern hervor.

Majken wurde geschickt, Herrn Dyberg ins Haus zu bitten und dann in aller Eile eines der Gästezimmer herzurichten. Es dauerte eine ganze Weile, bis Annas Mann das Geschehene zu erfassen vermochte. Er saß den ganzen Abend da und gab keinen Ton von sich, während seine Frau unter der Herzlichkeit von Frau Vang nach und nach auftaute. Das Dienstmädchen servierte das Essen, aber die Gäste mochten kaum zugreifen. Dann stimmte Frau Vang ein Weihnachtslied an, doch letztendlich sangen Majken und sie allein. Nach dem Choral las sie das Weihnachtsevangelium vor, war aber mit den Gedanken ganz woanders. Sie dachte darüber nach, wie sie das begangene Unrecht wieder gut machen könne. Ihr fiel die Geschichte von Zachäus ein, der Jesus versprochen hatte, denen, die er betrogen hatte, alles in vierfacher Höhe zurückzuerstatten. Im Geiste versuchte sie sich vorzustellen, wie hoch die Summe wohl wäre. Doch sie wurde rasch in ihren Gedanken unterbrochen, denn als sie ihre Besucher in das Gästezimmer führen wollte, lehnte Anna das Angebot mit klaren Worten ab.

Frau Vang fühlte sich wie vor den Kopf geschlagen. Warum wollten die beiden nicht hierbleiben, nicht nur über die Weihnachtstage, sondern für all die Jahre, die ihnen noch blieben? An Räumen mangelte es nun wirklich nicht. Anna bemerkte, dass ihre Ablehnung Frau Vang verstörte, nahm ihre Hand und sagte: »Liebe Ebba, wir haben für heute Nacht schon ein Zimmer reserviert. Du hast uns einen schönen Weihnachtsabend geschenkt. Dafür danke ich dir. Doch du lebst in deiner Welt und wir in der unsrigen. Wir möchten jetzt unsere Ruhe haben, denn hinter uns liegt ein anstrengender Tag.«

Da brach Frau Vang erneut in Tränen aus: Ein ganzes Leben lang hätte die Schuld an ihnen genagt, durch die eigene Gier den Absturz der Dybergs verursacht zu haben. Jetzt mögen sie ihr doch die Gelegenheit geben, das begangene Unrecht wieder gutzumachen. Voller Demut bat sie die ehemalige Freundin um Verzeihung. Anna und ihr Mann hörten sich das Geständnis schweigend an. Durch Herrn Dybergs röchelnde Brust ging ein leichter Seufzer, als er noch einen Blick in das behagliche Wohnzimmer warf, aber er sagte nichts. Anna nahm Ebbas Hand. »Wir haben schon lange verziehen«, meinte sie. »Wer weiß, wie wir in einer entsprechenden Situation gehandelt hätten. Wir haben uns mit unserem Schicksal ausgesöhnt. Durch unseren kleinen Handel haben wir unser Auskommen. Und wenn wir den nicht mehr bewerkstelligen können, wartet in Stockholm im Altenheim ein Zimmer auf uns, das wir miteinander teilen werden.« – »Kann ich denn gar nichts, aber auch gar nichts für euch tun ... um ... um wieder gutzumachen?« – »Doch«, erwiderte Anna, »du kannst mir die Spitze abkaufen, aber nur für zweihundert Kronen, mehr brauche ich nicht für die Medizin meines Mannes – und heute ist ja Weihnachten.« Frau Vang stand am Fenster und sah den beiden nach, wie sie langsam die Straße hinuntergingen. Und mit einem Mal meinte sie, über den beiden schwebe eine strahlende Gestalt. Bildete sie sich das nur ein oder hatte sie eine Erscheinung? Oder kam das Licht vielleicht aus ihrem eigenen Herzen?

Aus Schweden

Nach einer Weihnachtsgeschichte von Axel Hambræus,
nacherzählt von Christa Spilling-Nöker

»Sterne hoch die Kreise
schlingen, aus des Schnees
Einsamkeit
steigt's wie wunderbares
Singen –
O du gnadenreiche Zeit.«

Joseph von Eichendorff

WIE DER WEIHNACHTSSTERN ZU SEINEM SCHWEIF KAM

Der ganze Himmel war in Bewegung. Morgen sollte in Betlehem das göttliche Kind geboren werden. Aber man hatte immer noch kein Zeichen gefunden, das auf das wunderbare Ereignis hinweisen könne. Man beriet hin und her. Natürlich sollten die Engel jubeln und musizieren, aber solch ein Gesang konnte nicht tagelang dauern. Das hielten selbst die Stimmen der Engel nicht durch. Man überlegte, himmlisches Brot zu verteilen, wie einst das Manna in der Wüste. Doch dadurch, so die Kritik, würde die weihnachtliche Botschaft nur lokal mitgeteilt werden. Man entschied einmütig, dass es ein sichtbares Zeichen sein müsse, das weit über alle Grenzen herausstrahlen würde.

Gemeinsam suchten alle himmlischen Kräfte nach dem schönsten und hellsten Stern weit und breit. Der war bald gefunden – und stolz über seine Aufgabe, schwebte er leuchtend über das Firmament Richtung Betlehem. Doch die Nachricht von dem einmaligen Sonderauftrag hatte sich schnell herumgesprochen, und schon schwirrte ein klitzekleines Sternchen heran. »Nimm mich mit nach Betlehem, ich bitte dich sehr!« Es zitterte vor Aufregung und rührte den Weihnachtsstern so sehr, dass dieser nicht Nein sagen konnte. »Also gut, hänge dich an mich dran, dann kannst du bei dem großen Ereignis dabei sein.«

Das aber bekamen nun wieder einige der anderen Sternchen mit, sodass sie dem Gespann hinterher schwebten und ebenfalls um Mitreise bettelten. Und da der Auserwählte keinem seine Bitte abschlagen konnte, wurde die Schar der Sterne, die ihm anhingen, immer größer. Als er schließlich über dem Stall von Betlehem innehielt, hafteten ihm sämtliche Sterne an, sodass sie einen riesigen Schweif bildeten. Auf diese Weise leuchteten alle Himmelslichter einträchtig über dem neugeborenen Kind und wiesen darauf hin, dass hier das kommende Licht der Welt in der Krippe lag.

Christa Spilling-Nöker

DIE WEIHNACHTSGESCHICHTE

Es begab sich aber zu der Zeit, dass ein Gebot von dem Kaiser Augustus ausging, dass alle Welt geschätzt würde. Und diese Schätzung war die allererste und geschah zu der Zeit, da Cyrenius Landpfleger von Syrien war. Und jedermann ging, dass er sich schätzen ließe, ein jeglicher in seine Stadt. Da machte sich auch auf Josef aus Galiläa, aus der Stadt Nazareth, in das jüdische Land zur Stadt Davids, die da heißt Bethlehem, darum dass er von dem Hause und Geschlechte Davids war, auf dass er sich schätzen ließe mit Maria, seinem vertrauten Weibe, die ward schwanger. Und als sie daselbst waren, kam die Zeit, da sie gebären sollte. Und sie gebar ihren ersten Sohn und wickelte ihn in Windeln und legte ihn in eine Krippe; denn sie hatten sonst keinen Raum in der Herberge.

Und es waren Hirten in derselben Gegend auf dem Felde bei den Hürden, die hüteten des Nachts ihre Herde. Und siehe, des Herrn Engel trat zu ihnen, und die Klarheit des Herrn leuchtete um sie; und sie fürchteten sich sehr. Und der Engel sprach zu ihnen: Fürchtet euch nicht! Siehe, ich verkündige euch große Freude, die allem Volk widerfahren wird; denn euch ist heute der Heiland geboren, welcher ist Christus, der Herr, in der Stadt Davids. Und das habt zum Zeichen: Ihr werdet finden das Kind in Windeln gewickelt und in einer Krippe liegen. Und alsbald war da bei dem Engel die Menge der himmlischen Heerscharen, die lobten Gott und sprachen: Ehre sei Gott in der Höhe und Frieden auf Erden bei den Menschen seines Wohlgefallens.

Und da die Engel von ihnen gen Himmel fuhren, sprachen die Hirten untereinander: Lasst uns nun gehen gen Bethlehem und die Geschichte sehen, die da geschehen ist, die uns der Herr kundgetan hat. Und sie kamen eilend und fanden beide, Maria und Joseph, dazu das Kind in der Krippe liegen. Da sie es aber gesehen hatten, breiteten sie das Wort aus, welches zu ihnen von diesem Kinde gesagt war. Und alle, vor die es kam, wunderten sich der Rede, die ihnen die Hirten gesagt hatten. Maria aber behielt alle diese Worte und bewegte sie in ihrem Herzen. Und die Hirten kehrten wieder um, priesen und lobten Gott um alles, was sie gehört und gesehen hatten, wie denn zu ihnen gesagt war.

Und da acht Tage um waren, dass das Kind beschnitten würde, da ward sein Name genannt Jesus, welcher genannt war von dem Engel, ehe denn er im Mutterleibe empfangen ward.

Lukasevangelium 2,1–21

QUELLEN

In der Heiligen Nacht: nach der Erzählung »Während einer Nacht«
von Raul d'Avila Pompeia (1863–1895)

Die Fremden: nach einem dänischen Volksmärchen

Ein unerwarteter Gast: nach der Erzählung »Ein reizender Gast«
von Hugh Walpole (1884–1941)

Vom Brotlaib, der nie kleiner wurde: nach einer rumänischen
Legende

Der Dieb: nach der gleichnamigen Erzählung von Gana Federico
(1867–1924)

Ein Weihnachtstraum: nach der Erzählung »Der Heckrubel« von
Nikolaj Lesskow (1831–1895)

Weihnachten im Haus des Räubers: nach einer griechischen
Legende

Das Weihnachtsfest der Witwe: nach der Erzählung »Weihnachten
im ärmsten Dorf der Welt« von Jane Barlow (1857-1917)

Das Weihnachtswunder: nach der Erzählung »Weihnachts-Wun-
der« von Victor Auburtin (1870–1928)

Warum das Glockenspiel erklang: nach der Erzählung »Why the
Chimes rang« von Raymond MacDonald Alden (1873–1924)

Der Sklaven-Patron: nach einem Märchen aus Mallorca

Die Weihnachtsgäste: nach der gleichnamigen Erzählung von Axel Hambræus, in: Die Weihnachtsgäste, Zürich 1976. Die Nacherzählung erfolgt mit freundlicher Genehmigung des Theologischen Verlag Zürichs.

Wie der Weihnachtsstern zu seinem Schweif kam: Christa Spilling-Nöker

LITERATURHINWEISE

Südamerikanische Weihnacht. Erzählungen. Ausgewählt und übersetzt von Gerda Theile, Zürich 1986

Sven Grundtwig, Volksmärchen der Dänen, Berlin 1924

Das Weihnachtsbuch. Mit alten und neuen Geschichten, Gedichten und Liedern. Ausgewählt von Elisabeth Borchers, Frankfurt am Main 1973

Brigitte Krug-Mann, Weihnachten auf dem Balkan, Würzburg 1980

Südamerikanische Weihnacht. Erzählungen. Ausgewählt und übersetzt von Gerda Theile, Zürich 1986

Russische Weihnachtsgeschichten, Agentur des Rauen Hauses Hamburg, o. J.

Victor Auburtin, Schalmei, Hamburg 1948

Weihnachtsmärchen aus aller Welt. Herausgegeben von Erich Ackermann, Köln 2012

Erzherzog Ludwig Salvator, Märchen aus Mallorca, Würzburg/ Leipzig 1896

Axel Hambræus, Die Weihnachtsgäste, Zürich 1976

Christa Spilling-Nöker, O wunderbare Weihnachtszeit, Freiburg im Breisgau 2012

Christa Spilling-Nöker

Die Autorin dieses Bandes, Dr. Christa Spilling-Nöker, ist Pfarrerin mit pädagogischer und tiefenpsychologischer Ausbildung. Sie ist Verfasserin zahlreicher erfolgreicher Veröffentlichungen im Verlag Herder.

Engel. Geschichten aus alter Zeit
128 Seiten | ISBN 978-3-451-30594-8

Weisheit. Märchen aus aller Welt
128 Seiten | ISBN 978-3-451-30681-5

Ein Engel dir zur Seite
Mit Bildern von Marc Chagall
128 Seiten | ISBN 978-3-451-30361-6

Die schönsten Seiten des Lebens
Das Familienhausbuch für das ganze Jahr
240 Seiten | ISBN 978-3-451-32551-9

HERDER

Weisheit für die Seele

WEISHEITSGESCHICHTEN

Die schönsten Geschichten, neu erzählt für unsere Gegenwart, in kostbaren farbig gestalteten Geschenk-ausgaben, gebunden in Halbleinen mit Goldprägung.

Christa Spilling-Nöker
Weihnacht. Geschichten aus aller Welt
128 Seiten | ISBN 978-3-451-32677-6

Christa Spilling-Nöker
Weisheit. Märchen aus aller Welt
128 Seiten | ISBN 978-3-451-30681-5

Yarito Niimura
Zen. Geschichten alter Meister
128 Seiten | ISBN 978-3-451-30682-2

Hildegunde Wöller
Liebe. Geschichten aus der Bibel
128 Seiten | ISBN 978-3-451-30595-5

Christa Spilling-Nöker
Engel. Geschichten aus alter Zeit
128 Seiten | ISBN 978-3-451-30594-8

WEISHEITSSCHÄTZE DER WELT

Es gibt Worte, die durchs Leben tragen, die Kraft geben
und inspirieren, die Trost schenken und ermutigen.
In der *Schatzkammer der Liebe* sind wertvolle Bibelwor-
te zusammengestellt mit inspirierenden Gedanken der
Dichter und großen geistlichen Autoren von Hildegard
von Bingen bis Anselm Grün.
Die *Schatzkammer der Stille* birgt Texte aus den Quel-
len des Ostens, gespiegelt im Denken großer Weis-
heitsautoren wie Thich Nhat Hanh und Dalai Lama.

Goldene Schatzkammer der Liebe · Weisheiten der Bibel
Gebunden mit Relief- und Goldprägung
112 Seiten | ISBN 978-3-451-32679-0

Goldene Schatzkammer der Stille · Worte der Weisen
Gebunden mit Relief- und Goldprägung
112 Seiten | ISBN 978-3-451-32676-9

HERDER

Weisheit für die Seele

ANTHONY DE MELLO

Weisheitsgeschichten und Glücksimpulse von Anthony de Mello: Alles, was es zum Glück braucht, ist Achtsamkeit. Vier wunderbar weise, schwerelose Bücher.

Wie ein Fisch im Wasser
Anleitung zum Glücklichsein
144 Seiten | ISBN 978-3-451-32625-7

Warum der Vogel singt
Weisheitsgeschichten
144 Seiten | ISBN 978-3-451-32621-9

Warum der Schäfer jedes Wetter liebt
Weisheitsgeschichten
224 Seiten | ISBN 978-3-451-32617-2

Wer bringt das Pferd zum Fliegen?
Weisheitsgeschichten
208 Seiten | ISBN 978-3-451-32618-9

GOLDENE REGELN ZUM LEBEN

Ausgewählte Texte großer Autoren in kostbaren farbig
gestalteten Geschenkausgaben. Ein reicher Schatz
an spiritueller Weisheit, der Zeiten zum Aufatmen
und Innehalten schenkt.

Hans Jellouschek · *Goldene Regeln der Liebe*
128 Seiten | ISBN 978-3-451-30724-9

Thich Nhat Hanh · *Goldene Regeln der Achtsamkeit*
128 Seiten | ISBN 978-3-451-30725-6

Anselm Grün · *Goldene Regeln des Glücks*
128 Seiten | ISBN 978-3-451-30634-1

Dalai Lama · *Goldene Regeln des inneren Friedens*
128 Seiten | ISBN 978-3-451-30632-7

Khalil Gibran · *Goldene Regeln des Herzens*
128 Seiten | ISBN 978-3-451-30631-0

Nossrat Peseschkian · *Goldene Regeln der Lebenskunst*
128 Seiten | ISBN 978-3-451-30633-4

HERDER

© Verlag Herder GmbH, Freiburg im Breisgau 2013
Alle Rechte vorbehalten
www.herder.de

Gesamtgestaltung:
Tina Lechner Grafik & Buchdesign, Stuttgart
Umschlagmotiv: © Getty Images

Herstellung: Graspo, Zlín

Gedruckt auf umweltfreundlichem,
chlorfrei gebleichtem Papier
Printed in the Czech Republic

ISBN 978-3-451-32677-6